Matthias Politycki

Mein Abschied von Deutschland

*Wovon ich rede,
wenn ich von Freiheit rede*

Hoffmann und Campe

1. Auflage 2022

www.hoffmann-und-campe.de
Umschlaggestaltung: Vivian Bencs © Hoffmann und Campe
Satz: Pinkuin Satz und Datentechnik, Berlin
Gesetzt aus der Stempel Garamond
Druck und Bindung: CPI books GmbH, Leck
Printed in Germany
ISBN 978-3-455-01439-6

Ein Unternehmen der
GANSKE VERLAGSGRUPPE

Inhalt

»Und warum habt Ihr denn Deutschland verlassen?« fragte ich diese armen Leute. »Das Land ist gut und wären gern dageblieben«, antworteten sie, »aber wir konntens nicht länger aushalten –«

(Heinrich Heine, Vorrede zu Salon I, 1833)[1]

Deutsch sein heißt, eine Sache um ihrer selbst willen so gründlich zu betreiben, bis alle schlechte Laune haben. Das war schon immer so, oder jedenfalls immer mal wieder. Trotzdem war ich mein Leben lang auf eine, heute würde man vielleicht sagen: postnationale Weise gern ein Deutscher und habe mich in Deutschland zu Hause gefühlt.

Doch vor einem Jahr war das Maß dann voll. Als einer, der von der Freiheit des Gedankens und der Schönheit der Sprache als seinen täglichen Grundnahrungsmitteln lebt, hatte ich genug von kuratierter Wortwahl und vorstrukturierten Haltungsketten, wollte nicht länger zusehen, wie sich die Debattenräume Tag für Tag verengten. Und zog nach Wien. Ich wollte eine Grenze zwischen mir und all dem wissen, was mir die Freude am öffentlichen Gespräch und schließlich die am Schreiben verdorben hatte.

Wien ist freilich nicht aus der Welt, die Debatten, die ich eigentlich hatte verlassen wollen, holten mich wieder ein. Wenn es nach den Broschüren gehen sollte, die von den städtischen Behörden für ihre Mitarbeiter herausgegeben werden, will man hier sogar die Schafe gendern – als »tierische MitarbeiterInnen« –, offenbar um keine Hammel zu diskriminieren. Auf Nachfrage läßt der Bürgermeister jedoch über sein Büro versichern, daß ihm diese Broschüre nicht geläufig sei.[2] Nicht etwa »nicht bekannt«! Sondern halt »nicht geläufig«. Das ist Wien. Dieselben Themen wie in Berlin, aber kräftig abgemildert durch einen komödiantischen Einschlag und durch kultivierte Renitenz an der entscheidenden Stelle. Und ansonsten übrigens auch durch den alles beherrschenden Konjunktiv, eine Kulturerrungenschaft des gesamten deutschsprachigen Südens, die weit über das rein Sprachliche hinausgeht und manches erträglicher macht, was man in der Unerbittlichkeit indikativischer Verlautbarungen kaum auszuhalten glaubt.

Schon seit einigen Jahren fühlte ich mich in Deutschland nicht mehr wohl. Zunächst war es nichts weiter als ab und an ein plötzliches Unbehagen, und weil ich einen Großteil meiner Zeit in Asien, Afrika oder sonstwo verbrachte, vergaß ich es schnell. Nach meiner Rückkehr stellte es sich jedoch verläßlich wieder ein. Irgendwann war es dauerhaft präsent, kein vorübergehendes Unbehagen mehr, sondern schleichende Bedrückung. Erst mit Verhängung des Corona-Lockdowns im Frühjahr 2020, der mich in deutschem Alltag, deutscher Befindlichkeit und deutschen Diskursen festsetzte, wurde mir klar, was mir seit Jahren abhanden gekommen war: die beruhigend selbstverständliche Gewißheit, in einem der freiesten Länder zu wohnen, in das ich von jedweder Ecke der Welt immer gern zurückgekehrt war.

Kann es sein, fragte ich mich, daß die grenzenlose Freiheit, wie wir sie noch in den Debatten der Neunzigerjahre genossen, verloren gegangen ist? Damals hatte ich sie gar nicht sonderlich geschätzt, nicht einmal als solche erkannt. Die Freiheit der Meinung, die Freiheit der Sprache, die Freiheit der Kunst waren nicht nur verbürgte Grundrechte einer demokratischen Gesellschaft, sondern wurden auch lustvoll und ohne gegenseitige Verdächtigungen oder Diskreditierungen bis an Tabugrenzen und gelegentlich sogar darüber hinaus ausgeschöpft.

Heute erlebe ich immer öfter Situationen, in denen sich einer empört, weil ein anderer irgendwas gesagt hat, oder eigentlich: weil er es auf eine Weise gesagt hat, die dem einen nicht paßt, oder ganz eigentlich: weil er es vielleicht so gesagt haben könnte, wenn man den Quellen Glauben schenkt, und weil allein der Verdacht Anlaß genug ist, sich von ihm zu distanzieren. Dabei geht es oft nur um ein einziges Wort, offensichtlich ist es einem Verdikt anheimgefallen. Aber was heißt »nur«? Jedes Wort ist Teil der Sprache, in der ich schreibe. Hier verschwinden Bausteine meines Arbeitsmaterials, das macht mich umso hellhöriger. Gleichzeitig driften Teile unsrer Gesellschaft weiter und weiter auseinander, zunächst hören sie einander nicht mehr zu, irgendwann scheinen sie sich zu verachten, schließlich zu hassen. Daß einem Gemaßregelten kurzerhand das Recht abgesprochen wird, sich öffentlich zu äußern, ist inzwischen schon eine freundliche Form der Ausgrenzung. Besonders perfide, wenn sie sich als Ratschlag tarnt und pastorenhaft vorgibt, sie wolle eine arme Seele von ihrem schlechteren Selbst erretten, wo sie sie doch in Wirklichkeit verdammt.

Nachdem ich meinen Abschied von Deutschland in der *FAZ* begründet hatte,[3] meldeten sich auch bei mir ein paar Wokisten und versuchten, mich gönnerhaft über meine neue Heimat zu belehren (»fast schon sowas wie Ungarn«) und dabei nonchalant auszugrenzen. Offenbar wußten sie nicht, daß »das Rote Wien« auch nach 1945 ununterbrochen von der SPÖ regiert wurde. Ihre Mails machten mir noch einmal klar, wie richtig es war, dem deutschen Debattensumpf zu entfliehen: nicht nur den Scharfmachern, sondern auch den opportunistischen Mitläufern. Letztere sind im Grunde nichts weiter als eine neue Version des Spießers. In ihrem permanenten Pochen auf Moral und Anstand ähneln sie den Sittenwächtern der Nachkriegszeit, auch wenn sie sich in ihrer Selbsteinschätzung als deren »linkes« Gegenteil wahrnehmen.

Wenn es demnächst vielleicht auch eine »MeToo«-Bewegung gibt, in der sich Opfer von Stigmatisierung und Ausgrenzung melden, so ist dies schon mal mein Beitrag. J'accuse …? Eher: Ab dafür!

Freiheit

Jede Zeit frönt ihren speziellen Irrtümern, in manchen Zeiten scheinen sie sich zum allgemeinen Irrsinn zu ballen. Momentan ist die Intoleranz auf dem Vormarsch, freilich im Zeichen der Toleranz. An den Rändern der Gesellschaft herrscht eine große Gereiztheit, in ihrer Mitte eine große Verunsicherung. Mit jeder öffentlichen Äußerung riskieren wir, daß jemand einen Halbsatz aufschnappt, ihn auf seine Weise versteht oder gezielt mißversteht und über die sozialen Medien verbreitet. Gedanken werden aus dem Zusammenhang gelöst, damit sie knallen – und Klicks generieren, Quote machen, Auflage. Und das keineswegs nur bei Personen des öffentlichen Lebens, sondern bei allen, die in kleineren oder größeren Gruppen kommunizieren. Oft kommt Haß von rechts, keine Frage. Aber leider auch von links,[4] dazu ein gut organisiertes Mißtrauen gegen alles, was nicht exakt auf der eigenen Linie liegt. Immer wieder wird jemand erst durchs mediale Dorf getrieben und am Ende geschlachtet für etwas, das mißverständlich war oder schlicht »politisch inkorrekt«. Das bringt Menschen zum Schweigen, ob in der Wissenschaft, im Kulturbetrieb, im Alltag.

Mit unsrer Streitkultur, auf die wir so stolz sind, ist es offensichtlich nicht mehr weit her. Das geistige Klima hat sich in Deutschland im Verlauf der letzten Jahre auf paradoxe Weise verschlechtert, die Sichtweise auf Probleme verengt, die Positionen polarisiert. Beides, die Belehrungsimpertinenz von links wie die Pöbelei von rechts, sind zwei Seiten ein und derselben Bankrotterklärung. Der Überdruß an unserem öffentlichen Gespräch scheint inzwischen weite Teile der Bevölkerung erfaßt zu haben, vor allem das, was wir »die Mitte der Gesellschaft« nennen. Wir halten uns selbst nicht mehr aus.

Zumindest einen Teil unsrer Freiheit haben wir dadurch verloren: die Freiheit, so offen miteinander zu reden und zu diskutieren, wie ich es in meiner Jugend als urdemokratische Tugend beigebracht bekam. Eine Freiheit, die an keine Vorbedingung geknüpft und schlechthin unlimitierbar ist, abgesehen davon, daß sie dort aufhört, wo die Freiheit des anderen beginnt. Sie beinhaltet die Verpflichtung, sich redlich und respektvoll auseinanderzusetzen, andererseits auch das Recht, sich nicht auf die Art und Weise äußern zu müssen, die der Gesprächspartner erwartet.

Gerade auch dann, wenn zu einer gewissen Zeit in den herrschenden Kreisen Konsens zu bestehen scheint, auf welche Weise gelebt, miteinander gesprochen und am Ende auch gedacht werden sollte. Zu einer anderen Zeit wird es einen anderen, davon abweichenden Konsens geben – darin besteht Geistesgeschichte und, wenn man so will, Kultur. Gemeinschaften zeichnen sich nicht zuletzt dadurch aus, daß sie abweichende Meinungen – und eine abweichende Art und Weise, sie in Worte zu fassen – aushalten, solange sich diese im Rahmen der Gesetze verorten. Selbstredend auch Meinungen und Formulierungen, die aus der Vergangenheit überliefert und jetzt Teil unsres kulturellen Erbes sind. Sie mit eigenen Ansichten und Formulierungen kritisch zu konterkarieren, steht jedem frei. Ist eine demokratische Gesellschaft nicht willens, diese grundsätzliche Toleranz zu leben, drängt sie jede nichtkonforme Äußerung hinter vorgehaltene Hand und die wichtigen, die kontroversen Debatten vom öffentlichen in den vermeintlich geschützten privaten Raum. Spätestens dann ist ihr Fundament erschüttert, ihr Fortbestand gefährdet.

Davon rede ich, wenn ich von Freiheit rede und wie sie sich derzeit – absurderweise unter dem Versprechen, es ginge um die Befreiung der Menschheit schlechthin – zunehmend in Unfreiheit verwandelt. Nichts Geringeres wird gerade in der westlichen Welt verhandelt als unser Begriff von Freiheit. Wo manche noch glauben, es ginge lediglich um die Verbannung gewisser Wörter und Formulierungen, geht es in Wirklichkeit um die Art und Weise, wie wir in Zukunft leben wollen. Allerdings befindet darüber nur eine kleine Elite. Für die überwiegende Mehrheit ist es rabulistisches Geplänkel, weil sie sich von den Vorgaben eines politisch korrekten Sprachgebrauchs (noch) nicht persönlich betroffen fühlt. Als ob mit der Maßregelung der Sprache nicht auch eine Maßregelung der Gedanken einherginge. Wer hier einfach nur »auf die Sprache vertrauen« will, die derlei Vorgaben im Lauf der Zeit schon von alleine abschleifen werde, verharmlost das Problem.

Realsatire

»Die Deutschen bestehn aus Leidenschaft und politischem Defekt. […] Deutschlands Geschichte heißt: Spaltung. Scheelsucht; Hemmnis; Hass.« So der große Kritiker der Weimarer Republik, Alfred Kerr.[5]

Nun ist die Spaltung der Gesellschaft ein Phänomen, das man derzeit überall in der westlichen Welt beobachtet; die Gründe für die Polarisierung in der Weimarer Republik waren andere als heute. Dennoch, ist es vielleicht *auch* unser Nationalcharakter, der uns in periodischen Abständen aufeinander losgehen läßt? Und ist es mit Blick auf unsere Geschichte also ganz normal, was wir derzeit als Disruption und Parzellierung erleben?

Die zunehmenden Forderungen der politischen Korrektheit an unsre Sprache beschäftigen mich seit Jahren. Als Schriftsteller, der die deutsche Sprache nicht nur liebt, sondern ihrer mitsamt allem Wildwuchs ungeharkt und ungejätet bedarf, um daraus etwas Literarisches zu gestalten, sah ich mich immer öfter gezwungen, sie gegen Diskreditierungs- wie Vereinnahmungsversuche weltanschaulicher Eiferer in

Schutz zu nehmen. Anfangs noch voller Hoffnung: Aufgewachsen in den linksgrünen Biotopen der Siebzigerjahre, in denen alles mit allen ausdiskutiert wurde, fühle ich mich der Idee einer permanenten Aufklärung verpflichtet und bin überzeugt, daß jeder These jederzeit von jedem widersprochen werden kann, sogar sollte, um den dialektischen Prozeß der Erkenntnis voranzutreiben. Auch was den zunehmenden Haltungsdogmatismus der letzten Jahre betrifft, war ich lange der Meinung, daß nur jeder gut gelaunt gegenhalten müsse, bis auch diesmal alles mit allen geklärt und zum Kompromiß gebracht sein würde, durch den sich demokratische Gesellschaften seit je beglaubigen. Von heute aus betrachtet, mag diese Einschätzung naiv erscheinen.

Irgendwann hat mich nichts mehr überraschen können – nicht die These, daß die Musik der Deutschen Klassik rassistisch ist;[6] nicht die, daß zwei plus zwei nicht unbedingt vier ergibt, wenn man Diversität wirklich ernst nimmt;[7] nicht die, daß es reicht, sich als Frau zu *fühlen*, um auch eine zu *sein*, selbst mit sämtlichen Geschlechtsmerkmalen eines Mannes – und daß Frauen nicht unbedingt Frauen sind, sondern »menstruierende Personen«, weil man mit der Bezeichnung »Frau« Frauen beleidigt, die sich *nicht* als Frau fühlen wollen.

Worüber man früher als Satire gelacht hätte, wurde Realsatire.[8] Zum Lachen war mir dabei immer weniger zumute, eine kulturelle Revolution ist kein Spaß, und nichts Geringeres erleben wir derzeit: Eine vergleichsweise kleine Gruppe, die sich als Elite versteht, ist angetreten, uns im Zeichen der Wokeness das Sprechen, das Denken und den Umgang miteinander neu beizubringen und, um ihr moralisierendes Narrativ durchzusetzen, auch unsre Vergangenheit neu zu bewerten beziehungsweise gleich zu übermalen, vom Sockel zu stürzen oder umzuformulieren.

Wokeness, das ist Ausweitung der Political Correctness auf alle Lebensbereiche. Ihre Protagonisten sind auch hierzulande extrem umtriebig und finden immer neue Anlässe, um unseren Alltag mit ihrer Terminologie zu besetzen und neu zu strukturieren. Was anfangs wie die Selbstbeschäftigung universitärer Eliten anmutete, entpuppte sich mehr und mehr als eine mit jakobinischem Eifer betriebene Selbstzerstörung unsrer intellektuellen Republik.

Längst habe ich einen Gutteil meines Optimismus verloren, daß sich die Errungenschaften der Aufklärung durch beharrliche Widerrede gegen die Absurditäten einer grassierenden Gegenaufklärung verteidigen lassen. Längst frage ich mich, ob der Vormarsch derer, die bei jeder Gelegenheit Haltung zeigen oder, sofern es keine Gelegenheit gibt, kurzerhand Gelegenheit schaffen, noch zu stoppen ist. Hat nicht alles, was wir sagen, denken, tun, seine Unschuld verloren, ist zum Erkennungszeichen einer Ideologie hochstilisiert und gleichzeitig entwertet worden? Stehen wir aufgrund solcher, vor kurzem hätte man noch gedacht,

Kleinigkeiten nicht alle längst in irgendeinem weltanschaulichen Lager, selbst gegen unseren Willen, und unter permanenter Beobachtung, wenn nicht Generalverdacht: ehemals »mündige Bürger«, jetzt beigepreßte Söldner dieser oder jener Kleingeisterei, die, jede auf ihre absolutistische Weise, den liberalen Westen sukzessive rückabwickelt zum Flickenteppich identitätspolitisch befestigter Duodez-Fürstentümer?

Die Alternative, vor der wir täglich aufs neue stehen, ist: mitmachen und uns dieser oder jener Haltung anschließen – oder, trotz allem, erst mal selber denken, unabhängig denken. Auch wenn man dabei verläßlich schlechte Laune bekommt und immer wieder Angst, daß sich der ganze Irrsinn demnächst in einem großen Knall entlädt. Sofern wir zu den Straßenschlachten, wie sie zwischen den verfeindeten Lagern und mit Vertretern der Staatsgewalt geführt werden, die Gesinnungsschlachten auf den Datenstraßen der sozialen Netzwerke rechnen, hören wir schon, wie der Boden bebt, auf dem wir stehen.

Querendes Getier

Als ich im Frühjahr 2021 das Editorial eines Newsletters las, in dem die Rückkehr der »Störchinnen und Störche« aus dem Winterquartier vermeldet wurde, fragte ich mich reflexhaft: Und was ist mit Fröschinnen und Fröschen, Krötinnen und Kröten und all den andern Tierinnen und Tieren? Machen sie sich nicht auch in diesen vorfrühlingshaft milden Tagen auf den Weg? Ich begann, ein Gedicht darüber zu schreiben, und als das lyrische Ich in den Schlußversen »Autofahrende, Radfahrende und Fußgehende« bat, achtsam mit querendem Getier umzugehen, merkte ich: Ich war drauf und dran, verrückt zu werden, wenn ich weiter versuchen wollte, gegen die Verrücktheiten unsrer Zeit anzugehen.

Was sich im Lauf der Zeit als Unbehagen und schließlich als Bedrückung angestaut hatte, entlud sich in plötzlicher Ernüchterung: Hier mit Argumenten – oder Gedichten – gegenzuhalten, ist für den, der Geist und Sprache liebt, entwürdigend.

Ich verstehe jeden, der sich in die innere Emigration zurückzieht und schweigt. Aber für einen Schriftsteller ist Schweigen auf Dauer keine Option, ich hatte Konsequenzen zu ziehen. Einige Monate später war ich nach Wien umgezogen; die Schafe auf der Donauinsel – unter ihnen übrigens kein einziger Hammel – grasten damals noch ungegendert. Wenn ich gedacht haben sollte, daß ich hier wieder zur Arbeit am nächsten Roman zurückfinden würde, so … kam immerhin die Lust am Schreiben zurück.

Dazwischen

Denn wie könnte man einen Roman schreiben, wenn die Basis aller Kreativität bedroht ist, die Freiheit der Sprache und der Phantasie? Nicht meine persönliche Freiheit. Ich habe mit meinem Verleger gesprochen und weiß, daß eine vorauseilende Selbstzensur im Sinne des Zeitgeists auch bei künftigen Veröffentlichungen nicht von mir erwartet wird; ein Verlag sei ja geradezu die Inkarnation der Meinungsfreiheit. Was sind das für Zeiten, wo man für diesen Satz, der noch vor zehn Jahren eine Selbstverständlichkeit gewesen wäre, dankbar ist? Ich weiß von Schriftstellern wie von Journalisten – von Wissenschaftlern ganz zu schweigen –,[9] die kaum noch oder nur in entsprechend redigierter Form publizieren können.

Wenn die Freiheit bedroht ist, kann es nichts Wichtigeres geben, als für sie einzutreten. Aber Sie können sich doch frei äußern, erwidert man hier gern, wenn man die Bedrohung herunterspielen möchte. Ja, das kann ich in der Tat. Und indem ich mich äußere, tue ich es vielleicht auch für all diejenigen, die es nicht mehr können. Der Verweis auf die formaljuristisch garantierte Meinungsfreiheit in unserem Land klingt ihnen wie eine Verhöhnung, weil sie für ihre Ausübung der Meinungsfreiheit zwar nicht vom Gesetzgeber, wohl aber von ihrem beruflichen oder privaten Umfeld mit

Mobbing, Aufkündigung der Zusammenarbeit oder sozialer Ächtung abgestraft wurden.

Dem gegenüber steht eine überwiegende Mehrheit, die eigentlich *nicht* schweigen müßte. Welche Folgen Opportunismus haben kann, weiß man als Deutscher; Schweigen aus Bequemlichkeit sollte hierzulande keine Option mehr sein. Kritik dessen, was eine lautstarke Minderheit zur Mehrheitsmeinung machen will, gehört zum kleinen Einmaleins des Demokraten – ich habe es durch meine Eltern, die Nationalsozialismus und Zweiten Weltkrieg erlebt haben, von klein auf eingeschärft bekommen.

Nie wollte ich mich als politisch engagierten Schriftsteller begreifen, weil ich den Platz des Schriftstellers nicht an der Seite dieser oder jener Partei sehe, sondern im Raum dazwischen. Hier kreuzen sich die Radien kontroverser Positionen, hier hält man sich als freier Geist bevorzugt auf. Von den Schnittpunkten dieser Linien hat man, nicht nur als Schriftsteller, den besten Überblick und ist doch gleichzeitig auf Distanz zu sämtlichen weltanschaulichen Lagern. Mit Odo Marquard ist es der Ort, der am weitesten von allen absoluten Positionen und damit vom Pathos entfernt ist; der Ort der Ironie und der Skepsis, mitunter auch der Inkonsequenz und der »Abweichungen von sich selbst« im Sinne einer »Gewaltenteilung« von ansonsten potentiell übermächtigen Überzeugungen.[10] Ebendieses Dazwischen wird zur Zeit von allen Seiten bedrängt; indem wir es verteidigen, verteidigen wir die Freiheit.

Das Dazwischen ist der Ort des wilden Denkens. Mit Levi-Strauss und der ganzheitlichen Weltsicht der Naturvölker hat das nichts zu tun. Mit esoterischem Querdenkertum erst recht nicht. Wildes Denken heißt gelebte Dialektik, heißt Widerständigkeit gegen alles, was als Gesinnung zu Gefolgschaft nötigen will. Es akzeptiert keinerlei Vorgaben und Grenzen, hingegen jede bestechende Formulierung oder Gedankenvolte, auch wenn sie der eigenen Position zuwiderläuft. Wer wild denkt, ist Kosmopolit in der Welt der Meinungen und Haltungen, der Überzeugungen und Doktrinen. Haltungslos ist er deshalb nicht, im Gegenteil, zu Zeiten hat er *mehr* als eine Haltung. Auch zwischen den weltanschaulichen Fronten einer gespaltenen Gesellschaft bleibt er ein Reisender und hält so die Transferwege des intellektuellen Austauschs frei und offen.

Geschichte wiederholt sich, aber sie wiederholt sich nicht eins zu eins. Wir alle haben jede Menge zu verlieren, auch in der Literatur geht es bereits ans Eingemachte. Es geht an die Texte selbst, es geht an den Kanon, es geht an das, was wir künftig in welcher Wortwahl und Grammatik noch schreiben dürfen und wer es aufgrund seines Geschlechts, seiner Hautfarbe, seiner Herkunft, seiner sexuellen Orientierung nicht mehr darf. Die Freiheit der Phantasie, die Freiheit des Gedankens und der Sprache ist durch Maßregelungen aller Art bedroht. Nicht von ungefähr hat sich der internationale PEN schon 2020 in einer Pressemeldung dagegen verwahrt:

> Wir verteidigen die Phantasie. […] Wir glauben, dass die Vorstellungskraft sich in jede menschliche Erfahrung einfühlen kann. Beschränkungen nach Zeit, Ort oder Herkunft lehnen wir ab. […] Die Literatur übertritt alle wirklichen und eingebildeten Grenzen. Ihr Reich ist stets universell.[11]

Wer hätte noch vor wenigen Jahren ahnen können, daß sich der PEN auch einmal in der westlichen Welt für die Freiheit des Wortes einsetzen muß? Wer, daß es wieder Bücherverbrennungen gibt, vorerst nur im Netz,[12] die sogar von Journalisten gerechtfertigt werden? Wer, daß der Börsenverein des deutschen Buchhandels auf der Frankfurter Buchmesse 2021 Podiumsdiskussionen zum Thema »Ist die Kunstfreiheit in Gefahr?« ausrichten würde – und damit nicht auf Zustände in China oder in der Türkei aufmerksam machen will?

Die Literaturbranche ist die Herzkammer der Demokratie. Wenn die gesetzlich verbriefte Kunst- und Meinungsfreiheit durch freiwillig eingeführte Compliance-Richtlinien, etwa zur identitätspolitischen Quotierung von Themen, konterkariert wird, wird sie auch in allen anderen Bereichen der Gesellschaft de facto nicht mehr einschränkungslos gewährt werden. Nicht nur das Zuhören müssen wir in Deutschland wieder neu lernen, sondern auch das wilde Denken.

»Bleib erschütterbar und widersteh« –

– so heißt eines der bekanntesten Gedichte von Peter Rühmkorf,[13] der sich immer auch als politischer Dichter begriff. Das Gedicht, das er in den Siebzigerjahren des letzten Jahrhunderts schrieb, betont – bei aller grundsätzlichen Widerstandskraft – das Verletzbare einer jeden Haltung, sofern sie offen für die Haltung eines anderen ist. Die Überschrift des Gedichts ist im Lauf der Jahre eine Art Credo für mich geworden, die kürzeste Zusammenfassung meiner politischen Selbstverortung.

Heute hätte Rühmkorfs Botschaft keine Chance mehr, heute herrscht die Devise: »Zeig bei jeder Gelegenheit Erschütterung und empör dich.« Haltung zu zeigen dient nicht mehr nur der Markierung einer Demarkationslinie, die im Lauf einer Diskussion in beide Richtungen wieder durchlässig werden kann. Haltung zu zeigen meint allzuoft leider nichts als bloß, »klare Kante« zu zeigen, und dient der Abschottung des eigenen Terrains, von dem aus die Gegenseite unter Dauerfeuer gehalten wird.

Die allzeit bereite und bei kleinstem Anlaß aufbrausende Empörungslust erscheint mir als überaus bequeme Methode, sich all dessen zu entledigen, was nicht ins eigne Weltbild paßt und über das man nicht neu nachdenken will. Beglaubigt wird die Empörung durch zur Schau gestellte Scham, es ist die deutsche Form der Selbstgefälligkeit. Empörung und Scham sind die großen Vereinfacher des Diskurses, des Weltbilds, des Alltags.

Direkte Auseinandersetzungen mit Wokisten, etwa in Podiumsdiskussionen, verlaufen in der Regel wie Dialoge des absurden Theaters. Konfrontiert man sie mit Fakten, streiten sie diese rundheraus ab und präsentieren ihre alternativen Fakten. Im Namen der »Diversität« stellen sie Meinungen, die im Vergleich zu den ihren tatsächlich divers ausfallen, grundsätzlich in Frage und diskreditieren sie mit der drolligen Standardreplik, man habe das Problem offensichtlich nicht verstanden. Oder mit der Standarddiagnose, man sei »strukturell« vorbelastet qua Hautfarbe, Herkunft, Geschlecht, Alter. Man ängstige sich offenbar vor Neuerungen; ärgere sich darüber, daß man Privilegien preisgeben oder Sprachroutinen aufgeben müsse; man sei halt »noch nicht so weit«. Damit verlagern sie die Auseinandersetzung von der sachlichen auf die emotionale Ebene, wo man Gegenargumente als bloßen Reflex abtun kann. Oder sogar als Symptom einer psychischen Störung, als Transphobie, Islamophobie, Xenophobie, Misogynie.

Ob die Parteigänger der neuen Erregungskultur zurückfinden werden zur Streitkultur? So, wie sie sich derzeit in öffentlichen Veranstaltungen geben, interessiert sie eine intellektuelle Auseinandersetzung nicht, sie sind mit sich und ihresgleichen im Reinen. Immanuel Kant geht mit diesem Typus Mensch hart ins Gericht. In seinen »Zerstreuten Anmerkungen« zu den Gemütskrankheiten beschäftigt er sich mit den Formen der Unvernunft und dem »Verdacht: daß es mit jemandes Kopf nicht richtig sei«. Er kommt zu dem Schluß:

> Das einzige allgemeine Merkmal der Verrücktheit ist der Verlust des Gemeinsinnes (sensus communis) und der dagegen eintretende logische Eigensinn (sensus privatus) [...]. Denn es ist ein subjektivnotwendiger Probierstein der Richtigkeit unserer Urteile überhaupt und also auch der Gesundheit unseres Verstandes: daß wir diesen auch an den Verstand anderer halten, nicht aber uns mit dem unsrigen isolieren, und mit unserer Privatvorstellung doch gleichsam öffentlich urteilen.[14]

Wie zum Beleg dieses Zitats versichern Wokisten gern, sie verstünden die ganze Aufregung in diesem Lande nicht; es seien ja nicht sie, die anderen etwas verbieten und sie mundtot machen wollten, im Gegenteil, es sei genau andersherum. Jeder solle so leben, wie er möge, jeder so sprechen, wie er wolle, niemand habe die Absicht, eine Sprachregelung zu erlassen. In ihrem postintellektuellen Narzißmus sind sie über jeden Selbstzweifel erhaben.

Manche von ihnen, ebensowenig neugierig auf die Meinung von anderen, gehen aggressiver vor. Von Anfang an bringen sie ihre Gesprächspartner oder eigentlich -gegner in eine Verteidigungshaltung und versuchen, sich so die Diskurshoheit zu sichern. Etwas Halbherziges wie ein Kompromiß ist damit ausgeschlossen, es geht um Vernichtung oder Unterwerfung. Die Unterwerfung beginnt damit, daß der Gegner das korrekte »Wording« benutzen soll, um überhaupt mitreden zu können. Permanent mit der Abwehr von Vorwürfen beschäftigt und in Rechtfertigungsnöten formalistischer Art gehalten, ist eine Auseinandersetzung in der Sache nicht möglich.

Die Strategie erinnert mich an die der maoistischen K-Gruppen im Gefolge der 68er-Revolution, deren späte Nachfahren ich während meiner kurzen Zeit als Assistent an der Münchener Universität noch erlebt habe. Weil zum ersten Mal seit Jahrzehnten Nietzsche auf dem Lehrplan der Germanistik stand, war der Andrang so groß, daß aus einem Seminar eine Vorlesung gemacht werden mußte. Mitglieder der vielleicht allerletzten K-Gruppe reisten dazu extra aus Stuttgart an. Jedes Mal stand nach wenigen Minuten einer auf und monologisierte lautstark. Um ein Gespräch ging es zu keinem Zeitpunkt, sie wollten nur ihre Gruppenperformance darbieten, indem sich einer nach dem andern erhob und seinen Redeteil abspulte. Dabei verwandten sie ihr eigenes Vokabular und räsonierten auf eine Weise, der man nicht beikommen konnte, weil ihre Argumente nicht der herkömmlichen Logik folgten. Das Weltbild der K-Gruppe war ein in sich geschlossenes System, das man nur ganz zu fassen bekam oder gar nicht. Im Grunde war es den Stuttgarter Kadern völlig egal, was ich ihren rhetorischen Pirouetten entgegenhielt. Sie waren als Instruktoren gekommen, nicht als Diskutanten. Und obwohl an die hundertfünfzig Studenten sichtlich genervt davon waren, wagte keiner, das Wort gegen sie zu erheben. »Es wird Zeit, daß ihr verschwindet«, raunzte ich sie schließlich selber an, als ich sie vor der dritten Vorlesung an der Eingangstür stellen konnte. Erstaunlicherweise sicherten sie mir sofort zu, es mit diesem Besuch auf sich bewenden zu lassen.

Vielleicht erleben wir ja gerade die Anfänge eines neuen, woken 68. Diskussionen mit Vertretern von Identitätspolitik, Gendergerechtigkeit und political Korrektheit, soweit ich sie bislang verfolgt habe, verlaufen jedenfalls meist nach ähnlich selbstreferentiellem Grundmuster: Sofern man sich durch Argumentation widersetzt, wird nicht etwa mit Gegenargumenten gekontert, sondern mit Varianten der immergleichen Zurechtweisungen. Wer Meinungskorridore beklagt, wird bezichtigt, Verschwörungstheorien zu verbreiten; wer sich besorgt über unkontrollierte Migration äußert, wird als Rassist in die rechte Ecke geschoben; wer die Frauenquote ablehnt, als frauenfeindlich.

Beschimpfungen kenne ich auch von früher. Das Besserwisserische, Überhebliche, Hochfahrende bei jeder Gelegenheit ist neu. Damals reichte es, sich im Recht zu wissen. Heute soll der andere als schlechter

Mensch enttarnt werden – Burkhard Spinnen spricht von »moralischer Habgier«.[15] Damit verschreckt man gerade die intellektuell differenzierten und womöglich wichtigsten Gesprächspartner. Auch diese machen eine Gesellschaft »bunt«, die Denker zwischen den sattsam bekannten Positionen, die Schrägen, die auch mal was raushauen, das noch nicht total abgehangen ist und das dann vielleicht auch mal daneben geht.

Ausgegrenzt wird fast bei jeder Gelegenheit, und stets mit dem Bekenntnis zur offenen Gesellschaft. Damit Freund und Feind schnell zu unterscheiden sind, werden komplexe Sachverhalte für den Alltagsgebrauch emotionalisiert und auf wohlfeile moralische Bekenntnisse reduziert. Und diese wiederum in alle möglichen Entscheidungen hineininterpretiert, die wir im Verlauf eines Tages en passant treffen. In den Augen eines kritischen Beobachters entscheiden wir uns jedes Mal nicht nur *für*, sondern damit auch immer *gegen* etwas. Und eben nicht erst mit unseren Handlungen, sondern schon mit der Wahl unsrer Worte: Wer eine Veggie Bowl bestellt, hat das Gegenteil eines Steaks geordert; wer Old-School-mäßig von »Rücksicht auf unsre Mitmenschen« spricht, vermeidet offensichtlich ein Bekenntnis zur »Achtsamkeit«.

Daß nun auch die beiläufigsten Aspekte unsres Lebens wohlüberlegt werden wollen, ist das eine. Daß die Sprache, derart aufgeladen, ihre wichtigste Funktion nicht mehr erfüllen kann – ein halbwegs neutrales Verständigungsmittel für alle zu sein –, das andre. Den

Verfechtern der Wokeness ist es egal. Ja mehr noch, sie behaupten, daß die Sprache durch ihre Eingriffe von versteckt sexistischen oder rassistischen Subtexten gereinigt und entideologisiert werde. Sie verschweigen, daß die Alternativen, die sie bezüglich Wortschatz und Grammatik anbieten, keineswegs gereinigt, sondern mit einer neuen Ideologie aufgeladen sind. Daß sprachliche Klarheit und Schönheit zugunsten politischer Korrektheit geopfert werden, gilt dabei als Kollateralschaden, an den wir uns der guten Sache wegen schon gewöhnen werden.

Umbegreifung der Begriffe

Werden wir das wirklich? Oder ist Sprechen per se zum Problem geworden, jedenfalls wenn es um die strittigen Themen unsrer Zeit geht? Schließlich kann sehr vieles, lang genug und schräg genug betrachtet, als diskriminierend »enttarnt« und dem Sprecher angekreidet werden. Es gibt derzeit etwa 200 Professuren für Gender Studies in Deutschland, dazu Tausende von Gleichstellungs- und Antidiskriminierungsbeauftragten an Institutionen, in der Verwaltung und den Betrieben. Sie alle können der Gesellschaft, von der sie finanziert werden, ihre Daseinsberechtigung am besten dadurch demonstrieren, daß sie fündig werden. Längst geraten Wörter in den Fokus, deren diskriminierende Konnotationen man nur entdeckt, wenn man dafür bezahlt wird. Vor einiger Zeit habe ich im Radio ein Plädoyer dafür gehört, das Wort »Kindergärtnerin« durch »Elementarpädagogin« zu ersetzen und auch das Wort »Kindergarten« als unangemessen abzuschaffen – ausgerechnet dieses poetische Wort, das es sogar als Lehnwort ins Englische geschafft hat.

Neben Sexismus ist derzeit Rassismus – insbesondere »struktureller« Rassismus – in den Fokus der Sprachpuristen gerückt. Immer öfter sind wir angehalten, Buchstabenkürzel oder englische Vokabeln zu benutzen, so daß wir ein Lexikon bräuchten, um das, was nicht mehr offen mitgeteilt werden soll, überhaupt zu verstehen. Da sich Begriffe und Abkürzungen ständig verändern, weil das Gesagte immer noch weniger sexistisch, noch weniger rassistisch und noch inklusiver werden soll, entziehen sich mehr und mehr Phänomene einem unmittelbaren Verständnis. Eine permanente Umbegreifung der Begriffe ist im Gange. Allein die Sprache will und will nicht sauber werden, geschweige rein. Besonders brisant kann das ausgerechnet für den werden, der immer alles korrekt ausdrücken möchte, dann nämlich, wenn er das letzte Update verpaßt hat.

Daß Flüchtlinge irgendwann nur noch als »refugees« bezeichnet werden durften, daran erinnert er sich noch. Doch ist das derzeit gebräuchliche »Migrant« nicht weit diskriminierender, weil es den tatsächlichen Flüchtling, Pardon, den Flüchtenden, mit Arbeitsmigranten, Pardon, Arbeitsmigrierenden, in einen Topf wirft? Ist dieser – oder gar jener – wirklich ein »Geflüchteter«, obwohl seine Flucht noch längst nicht zu Ende ist? Ist er ein »Schutzsuchender«, und wenn ja, wie lange ist er das? Bis er in Sicherheit ist oder bis er den von ihm gewünschten Ort erreicht hat?

Die Forderung, Personengruppen oder Sachverhalte nicht auf diskriminierende Weise zu bezeichnen, ist selbstredend ohne Abstriche zu unterstützen. Doch wer definiert, was diskriminierend ist? Wenn man sich beständig fragen muß, welches Wort im Moment benutzt werden darf und welches als inkorrekt, ja rassistisch gilt, wird man sich schon bei geringster Unsicherheit eine Äußerung verkneifen. Oder man wird, in vorauseilender Ängstlichkeit, auch Wörter vermeiden, die noch gar nicht auf dem Index stehen, und um jede Aussage mit möglichst vielen Ersatzvokabeln herummanövrieren. Selbstzensur ist die effektivste und schlimmste aller Zensurformen. Schon vor einigen Jahren befürchtete ich, das Wort »Moslem« sei mittlerweile geächtet, vorsichtshalber sprach ich von »Muslimen«. Als ob die Chiffrierung einer deutschen mit der entsprechenden englischen Vokabel irgendetwas an meiner Einstellung oder Aussage geändert hätte! Gleichwohl wollte ich lieber auf Nummer Sicher gehen, als meinen Diskussionspartnern die Möglichkeit zu geben, meine Wortmeldung durch einen Angriff auf meine Begrifflichkeit zu diskreditieren.

Was sind das für Zeiten, wo ein falsches Wort schon

fast ein Verbrechen ist … Ist es denn nicht ein Grundrecht, sich zu irren, im Ton zu vergreifen, ein falsches Wort zu wählen? Und ist es außerhalb gewisser Blasen überhaupt falsch? Grenzt der neue Sprachpurismus nicht jeden aus, der nicht so raffiniert mit Begriffen umgehen kann? Sofern er an den akademischen Debatten über einzelne Vokabeln nicht teilgenommen hat, hat er keine faire Chance, seine Position auf eine dem Zeitgeist genehme Weise zu formulieren. Sieht so die neue, gerechtere Weltordnung aus, von der so viel zu hören ist?

Die sprachlich korrekte Chiffre steht für den Nicht-Eingeweihten wie ein Paravent vor dem angesprochenen Phänomen und löst einen schleichenden Prozeß der Entfremdung zwischen Bezeichnung und Bezeichnetem aus. Und damit auch ganz zwangsläufig einen Prozeß zunehmenden Mißverstehens. Es gibt kein Down-Syndrom mehr und schon gar keinen Mongolismus, es gibt nur noch Trisomie 21. Hinter der Buchstabenfolge LGBTQIA* verbergen sich nicht nur die stellvertretend genannten Lesbian, Gay, Bisexual und so fort, sondern auch alle weiteren hundert sexuellen Varianten, denen man sich zur Zeit zurechnen kann.[16] Es gibt keine dicken Männer mehr, nurmehr welche, die an Adipositas leiden, nein: die mit Adipositas leben. Es gibt keine schwer behinderten Kinder mehr, nurmehr »Kinder mit besonderer Begabung«. Wenn das für viele auch zynisch klingen mag, so gilt es doch als politisch korrekt.

Früher oder später, so fürchte ich, schlägt die Unsicherheit des Nichtverstehens um in eine trügerisch-trotzige Sicherheit des Nichtmehrverstehen*wollens*, wandelt sich das Unverständnis gegenüber Wörtern und Inhalten zu einem Unverständnis gegenüber Botschaften und denen, die sie verkünden. Am Ende bewirkt die zunehmende Fülle der Umbegreifungen das Gegenteil dessen, was bewirkt werden soll: völlige Gleichgültigkeit – oder schlimmer, Aggression.

Die aktuellen Umbegreifungen bereits umbegriffener Begriffe erinnern auf unerquickliche Weise an Heinrich Bölls Satire »Doktor Murkes gesammeltes Schweigen«, die Anfang der 1950er-Jahre spielt. Darin besteht ein Professor darauf, in einem Vortrag, den er für den Rundfunk eingesprochen hat, nachträglich das Wort »Gott« durch »jenes höhere Wesen, das wir verehren« zu ersetzen. Er, der während der NS-Zeit auf Distanz zur Kirche gegangen ist, hat sich nach Kriegsende der allgemeinen Zeitströmung angepaßt und ist zum Christentum konvertiert; nun, da sich der Zeitgeist erneut ins Anti-Kirchliche dreht, macht auch er die entsprechende Kehrtwende. Böll geißelt in ihm die Scheinheiligkeit dessen, der mit dem Wechsel der Terminologie die Rückkehr zu einer reaktionären Weltanschauung betreibt. Auch der Umstand, daß der Professor beim Intendanten den Wunsch äußert, alle seine früheren Sendungen in derselben Weise zu überarbeiten, findet heutzutage seine Analogie.[17]

Politisch korrekte Bezeichnungen haben eine Tendenz, unserem Vokabular nicht nur Anschaulichkeit und Wahrhaftigkeit zu entziehen, sondern auch alle Emotionalität. Sie ersetzen plastische Wendungen durch blutleere, vermeintlich neutrale Abstrakta, die ich als Schriftsteller nicht verwenden kann, weil mein Text an den betreffenden Stellen kraftlos und ohne Tiefe wäre – und weil sich hinter ihrer dekretierten »Unbelastetheit« eine ganze Weltanschauung versteckt, die dem Text damit eingeschrieben würde.

Man werfe nur einen kurzen Blick auf das Wörterbuch der Neusprache, geschicktgendern.de, das Ende 2021 Alternativen zu 1800 Begriffen auflistete: »Waghals« (statt »Abenteurer«), »Versammlung von Anteilshabenden« (statt »Aktionärsversammlung«), »Mensch mit Angel« (statt »Angler«), »Freizeitbetreuungsperson« (statt »Animateur«), »ins Weltall reisende Person« (»Astronaut«) … Und wir sind hier erst bei A! Verantwortlich dafür zeichnet eine Pädagogin, die mithilfe der Schwarmintelligenz den deutschen Sprachschatz korrigiert und am Ende auch für einen wie mich als »Inspiration« bei künftigen Romanniederschriften aufbereitet hat. Auf ihrer Seite versichert sie: »Gendergerechte Sprache kann beim Schreiben wie Lesen elegant sein – und Spaß machen!«[18]

Die anhaltende Betriebsamkeit der Sprachreiniger mag am Ende all die Abgründe und Fallstricke der gewachsenen Sprache politisch korrekt markiert und eliminiert haben, gleichzeitig wird sie uns eine Sprache der Uneigentlichkeit aufgenötigt haben, wie sie bislang nur von Politikern gesprochen wird, eine Sprache, deren Hauptbotschaft darin besteht, positive Signale zu senden, aber bloß keine Aussage zu machen. Und dies paradoxerweise, obwohl die Sprachreiniger ja für jedwede Krankheit, Behinderung, Minderheit, Ethnie den gerechten und einzig angemessenen Ausdruck prägen wollen, das *eigentliche* Wort. Offensichtlich bedarf es dazu mehr als guter Absichten. Und mit ziemlicher Sicherheit hat die natürlich gewachsene Sprache am Ende auch noch den Vorteil, gerade *nicht* alles – nicht *alles* – akkurat auf den Begriff bringen, sondern auch mal in einer einprägsamen Metapher abbilden zu wollen. Schon zum jetzigen Zeitpunkt gibt es sehr viel, über das ich nicht mehr schreiben kann, weil ich mit Ersatzvokabular dem Leser im günstigsten Fall noch Informationen vermitteln könnte, aber keine Lust am Text – und erst mit dieser Lust beginnt Literatur, übrigens schon beim Schreiben.

Das Durchsetzen der woken Agenda mittels Tabuisierung gewisser Schlüsselworte macht die, die sich den Vorgaben nicht beugen wollen, buchstäblich sprachlos und letztendlich mundtot, denn in einer »kontaminierten« Sprache wollen sie sich natürlich nicht äußern. Durch unser Schweigen laufen wir Gefahr, die kulturelle Deutungshoheit über unser Leben, wie wir sie uns im Lauf der Jahrhunderte mithilfe der Sprache erarbeitet haben – jede Sprachgemeinschaft auf ihre spezifische Weise –, innerhalb weniger Jahre an eine global agierende und agitierende Schar von

Beckmessern zu verlieren, die ihre eigenen Standards vorgibt und sie ohne Rücksicht auf die gewachsenen Eigenheiten der jeweiligen Sprache und der darin gespeicherten historischen Erfahrung ihrer Sprecher mit der sattsam bekannten Argumentation durchzusetzen sucht.

Auf mich wirkt es so, als ob es den Wokisten nur vordergründig um Wörter geht, de facto jedoch um die Überwindung der herrschenden Gesellschaftsordnung: Der Vorstoß, die Begriffe »Mutter« und »Vater« abzuschaffen und durch »Elternteil« zu ersetzen, um gleichgeschlechtliche Paare mit Kindern nicht zu diskriminieren, zielt auf die Auflösung des traditionellen Familienbildes.[19] Die Umbenennung der »Weihnachtsmärkte« in »Wintermärkte«, wie sie von einigen Stadtverwaltungen beschlossen wurde, will die Prägung Europas durch das Christentum zumindest schon mal in Deutschland korrigieren. Das Versenden von Weihnachtskarten mit aufgedruckten »Season's Greetings« geht in dieselbe Richtung und wird längst von zahlreichen Institutionen praktiziert, angeblich um Mitglieder anderer Religionen nicht zu beleidigen. Es fehlen nur noch die »Jahresendfiguren mit Flügeln«, als die man – angeblich – im DDR-Jargon Engel bezeichnete, dann wird die ideologische Absicht mit Händen greifbar.

Schon George Orwell hat in seinem Roman »1984« die Steuerung von Menschen durch Reorganisation und Reduktion ihres Sprachschatzes thematisiert: »Kein Wort des [von der Partei verordneten] Wortschatzes B war ideologisch neutral. Eine ganze Anzahl hatten den Charakter reiner sprachlicher Tarnung und waren einfach Euphemismen.« Seine Hauptfigur, die, den herrschenden Umständen zum Trotz, noch immer in der »Altsprache« denkt und nur pro forma in der »Neusprache« spricht, die der »Große Bruder« verordnet hat, wird ermahnt: »Siehst du denn nicht, daß die Neusprache kein anderes Ziel hat, als die Reichweite des Gedankens zu verkürzen? Zum Schluß werden wir Gedankenverbrechen buchstäblich unmöglich gemacht haben, da es keine Worte mehr gibt, in denen man sie ausdrücken könnte.«[20]

Seit eh und je beginnt die Umwertung der Werte mit einer Umbegreifung der Begriffe. Auf diese Weise gehen nicht nur Wörter verloren, sondern auch die damit bezeichneten Phänomene und am Ende, sofern die Entwicklung in der gegenwärtigen Rasanz fortschreitet, eine ganze Welt. Unsre Welt. Die Transformation von »Es hat Sinn« zu »Es macht Sinn«, deren sich kaum noch jemand bewußt ist, der die Redewendung gebraucht, ist eben nicht nur die deutsche Version des englischen »It makes sense«. Es steckt darin auch die Übernahme der angloamerikanischen Weltsicht, in der Sinn tatsächlich vom Menschen *gemacht* wird, wo er für das romantische deutsche Gemüt in all den Dingen schläft, womöglich als Lied, ganz gewiß ohne menschliches Zutun. Ein längst verjährter Beleg dafür, wie mit der Veränderung der Sprache immer auch eine Veränderung der Denkweise einhergeht. Auf diese Weise erobert man ganze Kulturen, ohne gegen sie Krieg führen zu müssen – »cultural overwhelming« nennt man das in den USA und praktiziert es seit Jahrzehnten höchst erfolgreich.

Schon seit Jahrhunderten versuchen totalitäre Bewegungen verschiedener Couleur, über die Beherrschung der Sprache Macht über Menschen zu gewinnen. Die Verordnung neuer Schlüsselbegriffe bei gleichzeitiger Erzeugung von Angst (vor Sanktionen) entwurzelt den einzelnen aus seinem vertrauten geistig-kulturellen Umfeld und macht ihn anfällig für Manipulationen. Die woke Bewegung hat in beidem – Dekretieren einer neuen Sprache und Erzeugen von Angst – bereits beachtliche Erfolge erzielt. Wenn Heimat jenseits nationalpatriotischer Tümelei das ist, was jeder von uns als grundsätzliche Vertrautheit in Sprache und Kultur erlebt und bis zu einem gewissen Punkt auch genießt, so ist es genau diese Heimat, die sie uns durch fortschreitendes Auswechseln und Umcodieren von Begriffen entzogen hat. »Global citizenship« ist dafür kein Ersatz.

Framing

Die Beseeltheit derer, die den sprachlichen Enteignungsprozeß vorantreiben, spiegelt sich in ihren Lieblingsvokabeln, mit denen sie Haltung zeigen, ohne sie erst lang mit Argumenten vermitteln zu müssen: etwa in der leitmotivisch gewordenen Beschwörung einer »bunten«, »offenen«, »geschlechtersensiblen«, »inklusiven«, »diversen«, »vielfältigen«, »nachhaltigen« Gesellschaft. Wer wollte da widersprechen?

Mit der leitmotivischen Nennung der Schlüsselvokabeln setzt die woke Linke ein »Framing«, einen positiv konnotierten Rahmen, um all ihre Inhalte. Es gehört zu den Routinen eines Schriftstellers, vom Zeitgeist in den Fokus gerückte Vokabeln sprachkritisch abzuklopfen: Was bleibt an Inhalt, wenn man das Wohlfühl-Framing abzieht? Lebten wir früher in einer geschlossenen Gesellschaft? Waren wir unsensibel? War die intellektuelle Welt weniger bunt oder gar schwarz-weiß? War die Meinungsvielfalt weniger divers als jetzt, wo sie erst durch Quotierung garantiert scheint? Was bleibt dann von den neuen Leitbegriffen, abgesehen davon, daß sie gezielt zur Reklamation von mehr Aufmerksamkeit und Rechten für Randgruppen eingesetzt werden?

Müßig zu sagen, daß das Branding der eigenen Position Hand in Hand geht mit der Diskreditierung der Gegenseite durch negatives Framing: etwa durch die ubiquitäre Vermutung, jemand sei aufgrund seiner Äußerung »ja fast schon …« dieses oder jenes, sexistisch, misogyn, transphob. Das Framing reicht bereits, um jede Aussage zu desavouieren, nicht selten auch ganz ohne jede Präzisierung.

Wem es gelungen ist, den markanteren Begriff zu prägen, ob im Positiven oder Negativen, beherrscht den Diskurs. Über Argumente müßte ja erst nachgedacht werden, womöglich mit uneindeutigem Ergebnis. Ambiguitätstoleranz ist unerwünscht, fast schon verdächtig. Die westlichen Gesellschaften scheinen mir gerade von der spätintellektuellen Phase, in der immerhin noch mit Versatzstücken philosophischer Logoi gespielt wurde, in eine infantil anmutende Emo-Phase einzutreten: Die essayistische Abhandlung schnurrt zur Twitterbotschaft zusammen, deren vielfältige rhetorische Figuren konzentrieren sich auf die Setzung des *einen* Wortes, mit dem alles gesagt – scheint.

Frame, der Rahmen, ist das postintellektuelle Zauberwort. Er enthält nicht nur Botschaft, sondern auch Appell, den die Analyse eines Experten nie so schlagend bieten könnte. Mittels eines einzigen Begriffs werden Werte gesetzt und nicht selten ganze Weltanschauungen, formiert sich die Zuhörerschaft zur Gemeinde, scheidet sich die Welt in Gut und Böse. Wer vom Frame verzaubert wird, gehört fortan zu den Guten. Alle anderen werden mithilfe negativer Frames auf Distanz gehalten. So leben wir denn in Clans und Stämmen, die sich um eine hüben wie drüben erschütternd simple Gesinnung scharen. Und anstatt die offene Auseinandersetzung zu wagen, sprich: von Angesicht zu Angesicht in den Wettstreit der Argumente zu treten, geben wir immer schrillere Schlachtrufe von uns.

Erkenntniszuwachs durch Heterogenität war gestern. These, Antithese, Synthese – Kompromiß – war vorgestern.

Gegenaufklärung

Auch »Wokeness« ist im Grunde nur ein Frame – ein neues, positiv konnotiertes Wort für Gegenaufklärung. Denn Wokeness ist keineswegs links, als das sie sich ausgibt, sondern reaktionär.[21]

Mit Gegenaufklärung meine ich nicht das, was man historisch unter dem Begriff »Restaurationszeit« faßt. Sie setzt für mich wesentlich früher ein, im Fall der Französischen Revolution spätestens mit dem Beginn der jakobinischen Schreckensherrschaft 1793. Ich verstehe unter diesem Begriff die Phase, die sich an *jeden* revolutionären Aufbruch anschließt, sofern sich dessen Grundimpetus totalisiert und zum Umkippen der ursprünglichen Befreiungsbewegung in ein neues diktatorisches Regime führt.

Als klassischer Linker bin ich sensibilisiert dafür, daß die Vision einer besseren Gesellschaft auch in üble Reglementierung und Gewaltherrschaft umschlagen kann. In unsrer aktuellen Kulturrevolution ist dieser Kipp-Punkt bereits überschritten. Was unterm Schlagwort der politischen Korrektheit vor Jahr und Tag

Terrain gewann, hatte ich zunächst begrüßt. Auch deren jüngere Ziele – etwa das Eintreten für Minderheiten, Sensibilität gegenüber Rassismus und der Versuch, das gesellschaftliche Gespräch bewußt stärker von den Rändern aus zu führen – begriff ich ursprünglich als Fortsetzung des Projekts der Aufklärung.

Aufgrund konsequenter Radikalisierung schlug die Bewegung in den letzten Jahren aber mehr und mehr in einen quasireligiösen Welterlösungsfuror um. Was inzwischen, zusammengefaßt unterm Begriff Wokeness, den gesellschaftlichen Diskurs immer wieder dominiert, ist für mich nicht weniger als Pervertierung emanzipatorischen, linken Denkens. Da maßt sich eine kleine, radikale Minderheit an, die Gesellschaft nach ihren Vorstellungen neu zu gestalten. Und dies mit aller Gründlichkeit, ein siebter Tag ist noch längst nicht abzusehen. Deutsch sein heißt auch, eine gute Sache so sehr ins Extrem zu treiben, bis sie ein böses Ende nimmt.[22]

Angesichts der Utopie einer schönen woken Welt fragt man sich unwillkürlich mit dem russischen Religionsphilosophen Nicolas Berdiaeff:

> Wie sollen wir ihrer endgültigen Verwirklichung ausweichen? […] Vielleicht beginnt ein neues Zeitalter, ein Zeitalter, darin die geistige und gebildete Oberschicht von Mitteln und Wegen träumen wird, den Utopien auszuweichen und zu einer nichtutopischen, einer weniger »vollkommenen«, aber freieren Gesellschaftsform zurückzukehren.[23]

Eine richtige Erkenntnis bedarf offensichtlich auch der richtigen Dosierung, auf daß sie sich nicht als Rechthaberei in ihr Gegenteil verkehrt. Ein untrügliches Zeichen von Wokeness ist auch, wenn man auf die Rechte derer, die andere Ansichten haben oder andere Vorstellungen vom geglückten Leben, keinerlei Rücksicht nimmt. Ganz offensichtlich fühlen sich Wokisten als Vertreter einer neuen urbanen Mitte, die das Bildungsbürgertum der alten Bundesrepublik als tonangebende Bevölkerungsschicht beerbt hat. Ursprünglich Vordenker in intellektuellem Neuland, sind sie zu Vertretern eines beinharten Fundamentalismus regrediert und schreiben anderen vor, wie sie zu denken und zu reden haben: Woke! Auf gut Deutsch: Erwachet! Wer bereits woke ist, ist wachsam auf all die anderen, auf daß diese wiederum wachsam werden oder bleiben – der Wächter vergangener Epochen ist wiedergekehrt als Wokist.

In Orwells »1984« heißen derart linientreue Parteimitglieder übrigens »Gutdenker«, abgeleitet vom Wort »Gutdenk«, das im »Wahrheitsministerium« geprägt wurde für »orthodoxe Haltung, Strenggläubigkeit«. Das Verb dazu bedeutet »in orthodoxer Weise denken«, sein Gegensatz ist »altdenken«, abgeleitet von »Altdenk, das untrennbar mit der Vorstellung von Schlechtigkeit und Entartung verknüpft« ist.[24] Würden sie sich nicht gelegentlich in Ausübung ihres selbstauferlegten Amtes zu furchtbarer Größe aufschwingen, man könnte Wokisten für Moralsnobs halten, die sich vornehmlich vor ihresgleichen beweisen wollen. Was sich untereinander jedoch hip und weltoffen gibt, ist ideologisch stramm auf Kurs. Da wird zwar bunte Vielfalt propagiert, de facto jedoch die Einhaltung von Verhaltensnormen eingefordert, die vielfältige Auslegung geradezu ausschließen. Sofern sie den Weg durch die Instanzen gegangen sind und Entscheidungsbefugnis haben, schrecken die neuen Sittenwächter auch vor Sanktionen nicht zurück: Wer sich nicht an die Sprachvorgaben hält, bekommt eine schlechtere Benotung oder wird gekündigt.

Mit dem »Ausgang des Menschen aus seiner selbstverschuldeten Unmündigkeit« – so Kants berühmte Definition von Aufklärung – hat das schon lange nichts mehr zu tun. Im Gegenteil: Wer Sprache vorschreibt, will damit auch die entsprechende Weltanschauung durchsetzen und die Menschen erneut in Unmündigkeit halten.

Vielleicht frißt ja auch diese Revolution ihre Kinder. Und den Napoleon, der danach kommt, gleich mit.

Zivilgesellschaft

Wenn »Wokeness« der positive Frame für Gegenaufklärung ist, dann »Zivilgesellschaft« der für ihre Anhänger. Dabei haben sie den Begriff nur gekapert, um damit eigne Aktivitäten als Sache einer weit größeren Gemeinschaft darzustellen. Man hört ihn bei jeder Gelegenheit, auffälligerweise auch dann, wenn vermeintliche Weltverbesserer gerechtfertigt werden sollen, die an den Entscheidungsprozessen der Gesellschaft vorbeiagieren. Dazu werden sie nicht nur aktiv, sondern »proaktiv«, übersetzt: aktiv aufgrund von Selbstermächtigung.

Der »mündige Bürger« ist verschwunden, an seine Stelle sind Bürger getreten, die mindestens *sehr* mündig sind. Was heißt das denn? Es heißt in Wirklichkeit: Da hat eine Gruppe politischer Aktivisten den Diskurs besetzt und ist auch gleich zur Tat geschritten. Zur Rechtfertigung deklariert sie sich als »die Zivilgesellschaft«.

Wer überzeugter Demokrat ist, holt sich für sein Handeln, sofern es die Interessen der Allgemeinheit berührt, ein Mandat, am besten auf Basis einer gesellschaftlichen Debatte, die möglichst viele einbezieht. Es reicht nicht, daß eine Minderheit ihr Handeln für gut und richtig hält und es, um den Schein zu wahren, zum zivilgesellschaftlichen Engagement erklärt. Dazu müßte es von der Gesamtgesellschaft auch als solches wahrgenommen und zumindest stillschweigend begrüßt, zuallermindest gebilligt werden – was bei einer Vielzahl woker Projekte ersichtlich nicht der Fall ist.

Zivilgesellschaft, das kann alles und nichts bedeuten: Pensionisten, die in der Altenbetreuung mitarbeiten, Teilnehmer einer Patientenselbsthilfegruppe, ehrenamtliche Organisatoren eines Stadtteilfests … oder einen wütenden Londoner Mob, der in den Tagen der Denkmalstürmerei nach dem gewaltsamen Tod von George Floyd die Statue von Winston Churchill vom Sockel stürzen will; aber auch diejenigen, die sich um ebenjene Statue scharen, um sie vor Gewalt zu schützen; eine Spendengemeinschaft, die ein Rettungsschiff im Mittelmeer finanziert; aber auch die viertausend im Februar 2020 aus ganz Griechenland angereisten Männer, die den Grenzzaun zur Türkei gegen den Ansturm von Flüchtlingen verteidigen wollen.[25]

Entsprechend lang und komplex ist die Geschichte des Begriffs »Zivilgesellschaft«. Mit seiner Neueinführung in die westlichen Diskurse gegen Ende des 20. Jahrhunderts hat er sich zum Quasi-Synonym für bürgerliches Engagement gemausert. Das Raffinierte an dieser Wiederbelebung ist, daß der Begriff die altvertraute »Gesellschaft« enthält und im vorangestellten »Zivil-« allerlei friedliche bis pazifistische Konnotationen suggeriert. Über seinen eigentlichen Wortsinn hinaus verstehen wir »Zivilgesellschaft« intuitiv als eine geläuterte Form der Gesellschaft, deren Aktivitäten, bevor wir davon überhaupt in Kenntnis gesetzt werden, wie von selbst legitimiert sind. Während uns all diejenigen, die von der Zivilgesellschaft ausgerufene Ziele und Aktivitäten skeptisch beurteilen oder sich ihnen widersetzen, intuitiv als »außerhalb der Zivilgesellschaft stehend«, als »unzivilisiert« gelten und möglicherweise sogar als Barbaren, wie schon den alten Griechen.

Wer die Sprache beim Wort nimmt, wird die Gesellschaft gegen Zwangsumarmungen von Aktivisten, die sich als Zivilgesellschaft herausputzen, in Schutz nehmen. Es ist nun mal die *Gesamt*gesellschaft, in der wir leben. Lediglich das, was wir bei der letzten Abstimmung als unsre weltanschauliche Schnittmenge mit Handlungsbefugnis versehen und den entsprechenden Ämtern und Institutionen übergeben haben, ist demokratisch legitimiert. Und lediglich das, was sich mehr oder weniger im Rahmen dieser weltanschaulichen Schnittmenge engagiert, kann sich mit Recht als ausführendes Organ der Zivilgesellschaft bezeichnen. Die Frage ist, ob es eine, *die* Zivilgesellschaft in einer derart gespaltenen Gesellschaft wie der unseren überhaupt noch geben kann – oder allenfalls mehrere, aus den diversen politischen Lagern hervorgehende Zivilgesellschaft*en*, die den Namen eigentlich nicht mehr verdienen.

Politik habe Mehrheitsvoten umzusetzen und die Rahmenbedingungen für ein erfülltes Leben zu schaffen oder sicherzustellen, schreibt der Ministerpräsident von Baden-Württemberg Winfried Kretschmann: »Politik sollte nicht moralisieren, sondern sie sollte sich auf den Kampf für eine ›gute Ordnung der Dinge‹ konzentrieren, für gute Rahmenbedingungen und faire Chancen *für alle.*«[26] Er hätte auch schreiben können: Weniger Zivilgesellschaft wagen! Und mehr Gesellschaft, Gesamtgesellschaft.

Medienhygiene

Wir leben, gesteuert durch Frames, die uns von »Bruder Wolf« bis »grüner Strom« blitzschnell mit positiven Emo-Botschaften vereinnahmen wollen, als Bürger zweier Welten: Hinter der woken Scheinwelt verbirgt sich eine Realität mit kantigeren Wahrheiten. ICEs fahren nur deshalb mit »grünem Strom«, weil die Deutsche Bahn den Strom-Mix, den sie zwangsläufig bezieht, anteilsmäßig auf ihre verschiedenen Sparten aufgeteilt hat; für Güterzüge verbleiben bei diesem Greenwashing alle Anteile aus Kohle- und Atomenergie. Was die angebliche Brüderlichkeit des Wolfs betrifft, so wissen Großmütter und kleine Mädchen seit je ein Lied davon zu singen, neuerdings auch Schafzüchter, die ihre Herden dort halten müssen, wo Wölfe ausgewildert wurden.

Und das sind nur zwei der harmloseren Beispiele. Sobald wir öffentlichen Äußerungen aus welchem Lager auch immer lauschen, wachsen uns Ohren noch hinter den Ohren. Wir hören immer mit, was nicht gesagt wird, aber eigentlich gemeint ist. Diese Fähigkeit entwickelt der Mensch sonst nur in diktatorisch regierten Gesellschaften.

Hat man die Rhetorik einmal erkannt, wird der allgemeine Dissens nur größer. Klassische und soziale Medien tun in ihrer Berichterstattung einiges dazu, den Dissens zu befördern und damit für eigene Zwekke zu nutzen: Statt Vermittlungsinstanzen des Nachrichten- und Meinungsaustauschs zu sein, treiben sie mit emotionalisiert zugespitzter Aufbereitung der Fakten die Spaltung der Gesellschaft voran. Schonungslos offengelegt hat das der amerikanische Journalist Ezra Klein in seinem Buch »Der tiefe Graben«: »Wenn wir auf stärker polarisierte Weise über Politik berichten, weil wir den Geschmack eines stärker polarisierten Publikums vorwegnehmen oder aufgesogen haben, dann erzeugen wir eine stärker polarisierte politische Realität.« An anderer Stelle identifiziert er sich mit den Nutzern der Medien, die er als deren Opfer beschreibt: Wir müßten begreifen, schreibt er, »dass wir inmitten einer omnipräsenten Verschwörung existieren, die darauf angelegt ist, unsere Identitäten zu manipulieren«.[27]

Verschwörung? Seit in den letzten Jahren – von der *Spiegel*-Affäre um den Fall Relotius bis zu Sebastian Kurz' Inseratenaffäre – einige spektakuläre Manipulationen der Fakten bekannt wurden, sind wir auch als Nutzer deutschsprachiger Medien zumindest mißtrauisch geworden. Eine Nachricht muß sich ja nicht gleich als bloßer Kampagnenjournalismus entpuppen; eine geschönte oder in eine gewisse Richtung gedrehte Darstellung ist schlimm genug. Am effektivsten ist nach wie vor das schlichte Weglassen von Nachrichten, sofern sie nicht zur eigenen Weltanschauung passen. Mitunter besteht die eigentliche Nachricht für uns dann darin, daß es eine gewisse Meldung nicht in eine Nachrichtensendung geschafft hat. Das mag an der einen oder andern Stelle schon immer so gehandhabt worden sein, bei öffentlich-rechtlichen Institutionen, die von der Allgemeinheit für die Allgemeinheit finanziert werden, ist Haltungsjournalismus problematisch.

Ohnehin werden Newsletter oder Push-Nachrichten immer beliebter, dazu zweifelhafte Quellen wie Diskussionen in Facebook-Gruppen, auf Instagram oder Telegram, letztlich Informationen aus dritter, vierter, fünfter Hand. Weil wir von der Überfülle an Neuigkeiten permanent überfordert sind, entscheiden wir uns auch als deren Konsumenten meist nur für das, was die eignen Meinungspräferenzen bedient und uns langfristig in unsrer »Bubble« festsetzt.

Der Fortbestand einer demokratischen Gesellschaft hängt jedoch nicht zuletzt davon ab, ob ihre Mitglieder überhaupt noch verläßlich über die gleichen Informationen verfügen und damit über eine verbindliche, gemeinsame Gesprächsgrundlage. Also auch davon, ob es der Politik gelingt, die sozialen Medien in dieser Hinsicht stärker in die Pflicht zu nehmen. Vielleicht die klassischen Medien nicht minder. Auch sie wissen sehr genau, daß man mit negativen Schlagzeilen die größte Aufmerksamkeit generiert, selbst wenn die Faktenlage dazu dünn sein sollte. Neuerdings wird jeden Morgen in den Redaktionen gezählt, wieviel Prozent Frauen in der aktuellen Ausgabe im Blatt vorkommen und wieviel Prozent weiblicher Redakteure Artikel beigesteuert haben – immer mit dem Ziel einer paritätischen Berichterstattung sowohl auf der Ebene der Berichterstatter wie auf der des Berichteten. Dagegen ist im Prinzip nichts zu sagen; wenn allerdings Quotenfragen über Pro und Contra einer Meldung entscheiden sollten oder darüber, wer sie – ganz abgesehen von seiner Kompetenz – meldet oder kommentiert, wird man von einer Zunahme an Verzerrungen ausgehen müssen. Ganz zu schweigen davon, daß man bereits weitere Quotierungsfragen unter identitätspolitischen Gesichtspunkten aufwirft.[28]

Ezra Klein, der übrigens auf Seiten der Demokraten steht, der Linken, rät dringend zur gezielten Reduktion unsres Medienkonsums, andernfalls würden wir über kurz oder lang Opfer unsrer eigenen Echokammer. Je mehr wir uns zu informieren mühten, desto mehr würden wir in Wirklichkeit nur immer wieder unsre eigene Sicht verstärken und immer weiter vom politischen Gegner abrücken.[29] Mit anderen Worten: Je mehr wir versuchen, uns aufgrund von Nachrichten und Kommentaren ein eigenes Urteil zu bilden, desto mehr laufen wir Gefahr, durch die Haltung der Haltungszeiger radikalisiert und vom Selbstdenken abgehalten zu werden. Um uns am Ende womöglich, übersättigt von den unablässigen Variationen der (von uns selbst ausgewählten) immergleichen Nachrichten, in eine Art zynischer Apathie zu retten.

Medienreduktion, das ist noch keine Medienverweigerung. Sie allerdings ganz offen empfohlen zu bekommen, noch dazu aus berufenem Munde, zeigt, daß die mediale Vermittlung unsres öffentlichen Gesprächs in eine gefährliche Schieflage geraten ist, des *gesamt*-öffentlichen Gesprächs.

Wer der deutschen Debattenkultur überdrüssig ist, sehnt sich vielleicht zurück in eine Zeit, da Nachrichten – scheinbar – noch Nachrichten waren, nichts als Nachrichten, staubtrocken vermeldet und nur für besonders Interessierte in separaten Formaten kommentiert. Immer mehr Menschen suchen nach alternativen Formen und Kanälen der Information, weil sie glauben, daß ihnen gewisse Medien keine Freiheit mehr lassen, Ereignisse selber zu beurteilen. Sie merken es nicht zuletzt daran, daß Nachrichten durch die Art, wie sie sprachlich abgefaßt sind oder wie sie, emotional grundiert, durch Rundfunksprecher gelesen werden, zusätzlich zur Berichterstattung oft auch Weltanschauung vermitteln wollen – und schalten ab. Oder werfen sich gleich den Manipulierern der Gegenseite an den Hals.

Ein Rückzug ins Private mag gut für den einzelnen sein. Für eine demokratisch verfaßte Gesellschaft ist es der Anfang vom Ende. Wer den Medien nicht mehr glaubt oder sich aus Überdruß aus dem öffentlichen Gespräch zurückzieht, ist anfällig für Einflüsterungen aller Art. Nicht umsonst kursieren immer mehr Verschwörungstheorien. Kann eine Demokratie, so frage ich mich, auf Dauer ohne Nachrichten bestehen, die von einer weitgehenden Mehrheit der Bevölkerung konsumiert werden, und ohne ein so neutral wie möglich moderiertes öffentliches Gespräch darüber?

Reduktion des Arbeitsmaterials: Wörter

Die Entwicklung auf dem engeren Feld der Literatur erscheint mir kaum weniger bedenklich. Längst geht es dabei nicht mehr nur ums sogenannte N-Wort, das in Neuübersetzungen aus dem Kanon der Kinder- wie der Weltliteratur getilgt wird, ums I- oder E- oder M- oder R- oder Z-Wort, die durch ihr Verschwinden erst so richtig in den Fokus der Aufmerksamkeit rücken. Aber um einzelne Wörter geht es nach wie vor eben doch. Nichts und niemand ist vor dem Zugriff von Sprachreinigern und ihrer moralischen Ächtung mehr sicher. Wo bleibt unter solch permanenter Überwachung die Unbefangenheit des Gedankenaustauschs? Die allgemein herrschende Unsicherheit über Vokabeln, auch solche, die noch gar nicht in den Fokus der moralischen Erörterung geraten sind, hat nach den Zeitungsredaktionen und Rundfunkanstalten auch die Buchverlage erreicht, die klassischen Orte der Freiheit. Ebenjene Freiheit – die Freiheit der Literatur, die mit der Freiheit der Wortwahl beginnt – ist bedroht, nicht durch den Staat, sondern in ihrem Innersten, den Verlagen.

Nach außen stellen sie sich weiterhin als Plattformen dar, auf denen die unterschiedlichsten Autoren zu Wort kommen: mit den je eigenen Themen und in ihrer je eigenen Sprache, ob gegendert oder ungegendert, das sei egal. Hinter den Kulissen geht es nicht ganz so entspannt zu, auch wenn man sich »nur« bemüht, einen moderat an den Zeitgeist angepaßten Kurs zu fahren, um keinen Anlaß zur Empörung zu bieten. Das wirkt sich auf die Auswahl der Bücher wie auf deren Textgestalt aus. Und wie überall fängt es auch hier mit dem Nachdenken über einzelne Wörter an. Nein, offiziell verboten wird nichts, der Ton ist verständnisvoll, alles wird nur aus Sorge um die Reputation eines Autors pro und contra erwogen – und, seien wir ehrlich, aus Sorge um die Reputation des Hauses. Die Sorge entzündet sich an aktuellen Manuskripten, gilt aber auch dem bewirtschafteten Bestand, der gesamten Backlist.

Vor Anbruch der woken Kulturrevolution hat man literarische Texte ganz selbstverständlich in einem Vokabular geschrieben, das heute kein Lektorat mehr passieren würde. Rassistisch, antifeministisch oder was auch immer war man deshalb noch lange nicht. Mir fällt kein einziger Autor vergangener Zeiten ein, der die neuen Reinheitsgebote ohne Abstriche erfüllen würde. Auch ich selbst könnte es nicht: 1993 habe ich eine Erzählung über einen wirklich ekelhaften Rassisten geschrieben, der auf einer Reise durch Afrika jeden mit seinen Sprüchen belästigt. Ständig erzählt er primitive Witze, und wenn darin das N-Wort fällt, wird er zwar beharrlich von einer älteren Mitreisenden vermahnt, der Rest der Reisegesellschaft wagt es jedoch nicht, ihm das Maul zu stopfen. Man hat offensichtlich Angst vor ihm.

Und vielleicht das Allerschlimmste: Als sich dieser Kerl, der die anderen über Wochen mit seinen Äußerungen provoziert und dem man heimlich den Tod an den Hals gewünscht hat, als sich dieser Kerl über Nacht zum Sterben hinlegt, bangen plötzlich alle um sein Leben. Nein, es gibt keinen auktorialen Erzähler, der sich davon distanziert oder wenigstens erklärt, warum nun jeder vom Mitleid übermannt wird und vergeben scheint, was der Todgeweihte je zuvor gesagt hat. Ich wollte dem Leser die Geschichte ungefiltert vermitteln, auf daß er über Ekel, Abscheu, Furcht und Mitleid zu einem eigenen Urteil kommt.

Selbstverständlich braucht eine solche Figur, um glaubwürdig zu sein, die ganze Drastik einer Ausdrucksweise, die einem sauer aufstößt. Literatur, so sie unter die Haut gehen will, kann Gedanken und Aussagen eines Rassisten nicht bloß andeuten und umschreiben. Sondern muß die Person und ihr Denken in all ihrer Schrecklichkeit zeigen, damit sie die Leser auch wirklich in Schrecken versetzt und – im besten Fall – eine Katharsis bewirkt. So funktioniert Literatur seit Jahrhunderten, ohne Triggerwarnung vorab, ohne konterkarierende Kommentierung durch eine politisch korrekte Erzählinstanz.

Noch bis vor kurzem war es jedem vollkommen klar,

daß eine Figurenrede, gar diejenige eines Antihelden, eines Unholds oder Verbrechers, nicht mit der Stimme des Autors gleichgesetzt werden darf. Heute macht man den Verfasser eines Textes für all das persönlich haftbar, was seine Figuren tun oder sagen; heute könnte ich diese Geschichte nicht mehr so schreiben. Könnte ich es denn mit dem aktuell »geltenden« Vokabular noch? Könnte die Hauptfigur ihre üblen Witze ohne N-Wort überhaupt erzählen?

Auch in Aldous Huxleys dystopischem Zukunftsroman »Schöne neue Welt« gelten gewisse Wörter, beispielsweise »Mutter«, als anstößig und werden entsprechend vermieden. Zumindest wenn mit Sanktionen zu rechnen ist, wie etwa gegenüber Vorgesetzten. Als der Protagonist des Romans einen Bericht über einen »Wilden« verfaßt, der die »zivilisierte Infantilität« der schönen neuen Welt »zu billig« findet und ihre Errungenschaften ablehnt, begründet er es mit einem vorsichtigen Hinweis auf dessen Beziehung zur Mutter: »Dies kommt zweifellos zum Teil daher, daß er von ihnen [den Errungenschaften] bereits gehört hat, und zwar durch diese Filine, sein M....r«. Der »Weltaufsichtsrat«, für den der Bericht geschrieben ist, runzelt bei der Lektüre die Stirn: »Hält mich der Schafskopf für so prüde, daß ich das Wort nicht voll ausgeschrieben zu sehn vertrage?«[30]

Während der Afrikareise, die meiner Geschichte über den rassistischen Sprücheklopfer zugrunde liegt, hatte ich mich bemüht, die in Deutschland noch sehr junge

Debatte um die angemessene Benennung fremder Ethnien vor Ort umzusetzen. Wenn ich die Einheimischen jedoch fragte, ob sie als »Schwarze« bezeichnet werden wollten, wehrten sie sich meist vehement dagegen: »Me no black, me n■■■!« Schwarz, von ihnen durchwegs als Farbe verstanden, wollten sie partout nicht sein. Da war ihnen das alte N-Wort, das als abstrakter Oberbegriff jenseits einer konkreten Hautfarbe verstanden wurde, deutlich lieber. Mittlerweile weiß ich, daß der Binnenrassimus in weiten Teilen Afrikas an den Farbton der Haut gekoppelt ist. Barbiere haben auch mir nach der Rasur ganz selbstverständlich eine Weißungscreme aufgetragen, damit ich wenigstens vorübergehend etwas heller, sprich: in ihren Augen schöner war.

Auch in meinem aktuellen Roman, »Das kann uns keiner nehmen«, fällt anfangs das N-Wort, ja es bringt die ganze Handlung erst so richtig in Gang. In der ersten Fassung hatte ich versucht, das Wort zu vermeiden. Mein Lektor überzeugte mich im Lauf einer langen Diskussion, daß die Szene ohne N-Wort nicht funktioniert, daß eine politisch unkorrekte Figur auch heute noch anhand ihres politisch unkorrekten Vokabulars erzählt werden muß. Und er behielt recht, tatsächlich wurde das dann auch von der überwiegenden Mehrzahl der Leser richtig verstanden, jedenfalls was die Resonanz in den Medien und in Leserkritiken betrifft.

Apropos: 1998 war ein Taxifahrer in Sofia drauf und

dran, mir Prügel anzubieten. Weil ich mir das Z-Wort verkneifen wollte, hatte ich die Musik seiner Band, die er mir während der Fahrt vorspielte, als Musik der Sinti bezeichnet. Das verbat er sich. Als ich daraufhin von Musik der Roma sprach, fuhr er an den Straßenrand und stellte den Motor ab. »Me gipsy!« brüllte er mich an und schlug sich dabei mehrfach mit der Faust auf den Brustkorb. Schlagartig wurde mir bewußt, daß das alte Z-Wort weit mehr Völker umfaßte als Sinti und Roma und daß diese Völker durch Zuordnung zu falschen Oberbegriffen erst recht diskriminiert werden.[31]

Gewisse Wörter mögen in unseren westlichen Diskursen gerade als politisch korrekt gelten, für diejenigen, die damit bezeichnet werden, sind sie mitunter beleidigend. Freilich läßt man das im juste milieu selten als Einwand gelten. Derlei Reaktionen von Einheimischen würden im Gegenteil beweisen, wie sehr sie auch heute noch in ihrem Denken und Sprechen kolonialisiert seien und der Befreiung bedürften. Indem man ihnen die alten Begriffe nehme, werde die alte Herrschaftsstruktur erst freigelegt.

Aber was, wenn die Umbegreifung fremder Ethnien diese Herrschaftsstruktur nur auf eine subtilere Art und Weise fortsetzt? Hier sind wir schon mitten in der Identitätspolitik, auf die ich noch zu sprechen komme. An dieser Stelle geht es mir lediglich um Wörter, die auf den Index gesetzt werden und plötzlich in der aktuellen Gegenwartsliteratur, aber auch rückwirkend im gesamten kulturellen Erbe des Westens, Problemfälle darstellen. Allerdings in unterschiedlicher Intensität, das Wort »Eskimo« anstelle des angesagten »Inuit« würde man wohl noch am unwidersprochensten gebrauchen können, nicht zuletzt deshalb, weil sich einige der damit bezeichneten Völker nicht als Inuit, sondern tatsächlich als Eskimos bezeichnen. Das Wort »Indianer« anstelle von »Native American« ist schon etwas stärker tabuisiert. Im grünen Milieu darf es ungestraft nur der aktuelle Co-Parteivorsitzende gebrauchen, schon eine Spitzenkandidatin zum Berliner Abgeordnetenhaus mußte sich 2021 für ihren Kindertraum, »Indianerhäuptling« zu werden, gegenüber der protestierenden Basis entschuldigen.

Mit Abstand am allergischsten wird auf die Verwendung des N- beziehungsweise M-Worts reagiert, selbst wenn es von schwarzen Autoren wie Asfa-Wossen Asferate verwendet wird. Auch er muß sich von woken Weißen im Netz belehren lassen, welchen Wortes er sich zu bedienen habe. Ist nicht gerade das eine diskriminierende Haltung? Sozusagen »white supremacy«, zwar in bester Absicht, allerdings kein bißchen weniger arrogant gegenüber den Betroffenen?

Im Moment gilt »Person of Color«, bezeichnenderweise in amerikanischer Rechtschreibung und gegebenenfalls abgekürzt zu PoC, als politisch korrekt. Ist das, nur weil es eine deutsche Vokabel durch fast dieselbe Vokabel im Englischen ersetzt, substantiell etwas anderes als »Farbiger«? Als ich 2001 eine Wohnung in Santiago de Cuba gemietet hatte, um dort für einen Roman zu recherchieren, bekam mein Vermieter Luisito einen Lachanfall, als ich ihn fragte, ob er als »colorado« bezeichnet werden wolle. Er sei doch nicht bunt, wies er mich zurecht: Ob ich überhaupt jemanden in dieser Stadt kenne, der schwärzer sei als er? Er sei ein Schwarzer, »soy negro«, und das habe ich zu akzeptieren. Auf Kuba gebe es genaue Bezeichnungen für jeden Hauttyp (weit mehr als »schwarz« und »weiß«), und wenn ich sie nicht wahrheitsgemäß verwenden würde, wäre ich in den Augen der Einheimischen ein Lügner.

Oder will man suggerieren, daß »Person of Color« wirklich etwas anderes als »Farbiger« sei und also Deutsch per se rassistischer als Englisch? Und ist ein Deutscher, der den Begriff gebraucht, damit schon ein Antirassist? Oder ist die pauschale Verwendung desselben Begriffs gegenüber allen Nichtweißen – ob in der Karibik, in Afrika, in Indien, sonstwo – nicht erst recht rassistisch? Ist »PoC« vielleicht sogar rassistischer als alles, was wir an Bezeichnungen aussortiert haben? Und gleichzeitig fremd und blutleer. »PoC« hat keine historisch gewachsene Tiefenstruktur, weckt keinerlei Assoziationen. »Am anderen Ende des Waggons saß ein PoC …«, vielleicht auch »eine PoC und …«. Nein, einen solchen Satz werde ich nie schreiben können und »Am anderen Ende des Waggons saßen ein paar BPoCs …« (Blacks and People of Color) oder »… saßen ein paar BIPoCs« (Blacks, Indigenous and People of Color) genausowenig. Fällt denn niemandem auf, wie menschenverachtend diese Kürzel klingen, sobald man sie in Alltagssätze einbaut? Und wie grotesk, wenn man sie – wie in der 2009 erschienenen Neuauflage von Joseph Conrads Klassiker – nachträglich in einem literarischen Text einbaut, ja sogar in dessen Titel: »The N-word of the Narcissus«? Was so klingt, als treibe ein Satiriker die woke Sprachsensiblität bewußt auf die Spitze, ist völlig ernstgemeint 2009 bei Word-Bridge Publishing erschienen.

Welches Wort werde ich in meinem nächsten Roman verwenden sollen? Und welches werde ich tatsächlich verwenden? Während meiner Reise durch Äthiopien Anfang 2020, auf der ich Eindrücke für diesen nächsten Roman sammelte, wollte niemand als »Person of Color« angesprochen werden.

Als Schriftsteller bin ich all jenen besonders dankbar, die mich auf meinen Reisen begleiten oder im Verlauf längerer Auslandsaufenthalte zu Freunden werden. Ich möchte ihnen etwas zurückgeben und meinen Roman so schreiben, daß sie ihn als wahrhaftig empfinden würden, so sie ihn lesen könnten. Ich fürchte, dieser Anspruch wird immer schwerer einzulösen sein, weil sich der herrschende Diskurs immer weiter verselbständigt und eine eigene Logik jenseits der wirklichen Wirklichkeit entwickelt. Scheinbar geht es nur um einzelne Wörter, und doch habe ich damit ein ganz grundsätzliches Wahrhaftigkeitsproblem. Wem muß, wem will ich gerecht werden? Der Welt und der Wirklichkeit meiner Bezugspersonen in den Kulturen, über die ich schreibe, oder einem Publikum, das sich die neuen Standards immer mehr zu eigen macht?

Letztendlich frage ich mich: Kämpfen die Sprachpuristen vielleicht an der ganz und gar falschen Front? Ist »Subsahara-Afrika« wirklich weniger diskriminierend als »Schwarzafrika«? Im politisch korrekten Terminus schwingt implizit genau das mit, was mit dem alten Terminus als explizit weiße Sichtweise getilgt werden sollte: eine Hierarchie, in der das Bezeichnete als nach- und untergeordnet klassifiziert ist.

Während mich das klassische »Schwarzafrika« schon im Vorschulalter so faszinierte, daß ich bis heute meiner kindlichen Sehnsucht hinterherreise, geht das Wort »Subsahara-Afrika« emotional völlig an mir vorbei. Selbst die ihm innewohnende Diskriminierung läßt mich kalt – in diesem Fall ist es ja nicht der europäische, sondern der arabische Kulturraum, der als übergeordnet assoziiert wird, in unglückseliger Analogie zur Geschichte des Kontinents, der den Arabern schon weit vor Ankunft der europäischen Kolonialmächte als Sklavenmarkt diente.

Wer historisches Bewußtsein hat, wird nicht von »Subsahara-Afrika« reden, wer Sprachgefühl hat, kann das Wort in einem literarischen Text nicht gebrauchen.

Reduktion des Arbeitsmaterials: Stoffe

Mit dem kritischen Bedenken einzelner Wörter läßt man es in der Literaturbranche nicht bewenden. Man denkt auch über die angemessene Wahl von Stoffen nach, vor allem über diejenigen, die diese Stoffe besser nicht bearbeiten sollten.

Schon immer fragte man sich in den Lektoraten, ob jemand beispielsweise ein Buch über Fußball schreiben »dürfe«, wenn er selber nie Fußball gespielt hatte. Die Antwort war stets: Aber ja, vorausgesetzt, das Buch wird gut. Ohne sich bewußt auf Platon zu berufen, billigte man demjenigen Kompetenz zu, der sich lange genug für eine Sache interessiert hat, der sich ohne falsche Rücksichtnahme darüber äußert und, nicht zuletzt, der diese Sache liebt. Im Falle eines literarischen Textes waren Phantasie und Lebenserfahrung zentrale Kriterien, Originalität, ein eigener Stil und, was die Figurendarstellung betrifft, Empathie.

Dies alles zählt plötzlich nicht mehr allzuviel, sofern die neuen identitätspolitischen Prämissen zur Anwendung kommen: Geschlecht, sexuelle Orientierung, Hautfarbe, Herkunft. Schon bei der Progammauswahl werden sie erwogen, dann in Teilen der Leserschaft und vor allem bei der Rezeption durch die Kritik. Ein Autor wie ich, der einen Großteil seiner Stoffe von Reisen nach Hause bringt, wird neuerdings gefragt, ob es nicht »unangemessen« sei, wenn er als Weißer Figuren in seinen Texten auftreten lasse, die anderen Kulturen und Ethnien angehören; ob er aufgrund seiner Hautfarbe nicht automatisch einen kolonialen Blick auf die Fremde werfe; ob er jene Stoffe nicht lieber denen überlassen wolle, die jahrhundertelang von Weißen ausgebeutet wurden, auch als Figuren in einer weißen Herrschaftskultur, und jetzt endlich selber über ihre eigenen Stoffe verfügen und mit ihrer eigenen literarischen Stimme Gehör finden sollten.

Hält man mit einer kosmopolitischen Haltung dagegen, wird es – noch – meistens akzeptiert. Überraschend oft wird die Stichelei im nachhinein als »nicht ganz ernst gemeint« deklariert, man habe nur mal hören wollen. Offensichtlich ist man nicht nur in den Verlagen, sondern auch in der Leserschaft verunsichert. Die allgemeine Irritation zeigt indes ganz zwangsläufig auch Wirkung. Plötzlich muß ich mir Fragen stellen, weil ich weiß, daß sie mir irgendwann von anderen gestellt werden: Bin ich als Vertreter einer privilegierten Gesellschaftsschicht, was immer ich über die Fremde schreibe, nicht von vornherein im Unrecht? Was an meinen Büchern bislang als Weltoffenheit geschätzt wurde, könnte es demnächst als kulturelle Aneignung empfunden und für unstatthaft erklärt werden? Was gestern noch Vermittlung zwischen den Kulturen war, könnte es morgen als strukturell rassistisch moniert werden? Sollte ein weißer Europäer wie ich »aus Prinzip« nicht von Afrika erzählen? Wie groß ist inzwischen die Gefahr, daß, was immer ich schreibe, verurteilt wird, nur weil meine Hautfarbe und die Geschichte meines Herkunftslandes nicht zum Ort passen, an dem die Geschichte spielt?

Identitätspolitik zielt darauf, daß auch im Film oder auf der Bühne eine Rolle nurmehr von dem gespielt werden darf, der im wahren Leben *ist*, was er spielt. »Alles soll diverser werden«, schreibt Susanne Kaiser über die neuen Produktionsrichtlinien der Amazon-Studios:

> Um das zu erreichen, sollen nicht nur Figuren bestimmte Merkmale aufweisen, sondern diejenigen, die sie spielen, müssen sie mit ihren »echten« Merkmalen beglaubigen. Dafür hat Amazon einen Katalog entworfen: Entlang der Kategorien »*race*, Ethnizität, Nationalität, sexuelle Orientierung, Alter, Religion, Behinderung (inklusive geistiger Gesundheit), Körpergröße, Gender«, Letzteres noch einmal fein unterteilt in »gelesenes, identifiziertes und ausgedrücktes Geschlecht«, soll die Quotierung verlaufen.[32]

Amazons Inklusionsregeln dokumentieren ebensosehr den Wunsch nach einer gerechteren Gesellschaft wie auch den Willen, sie mit drastischen Methoden herbeizuführen. Schließlich zwingen sie jeden, der sich um eine Rolle bewirbt, zu einem umfassenden Outing; schließlich schrecken sie nicht vor Geschichtsfälschung zurück, etwa wenn man in Kostümfilmen über den englischen Adel Rollen mit schwarzen Schauspielern besetzt. Abgesehen davon, daß Amazons Inklusionsregeln ein Rückschritt zu biologistischen Rollenzuschreibungen und damit das Gegenteil dessen sind, was die LGBTQ*-Bewegung als Rollendurchlässigkeit anstrebt, sind sie vor allem Exklusionsregeln. In ihrer Obsession, gewisse Menschen von diesem oder jenem auszuschließen, sind sich linke und rechte Identitätspolitik auf fatale Weise ähnlich. Amazon will »authentische Geschichten«, Fiktion soll durch biographische Identität beglaubigt sein. Dadurch wird das Spielen von Rollen zur Selbstdarstellung, wird Kultur wieder Natur – oder vielleicht auch nur »Natur«.

Was Amazon als Wirtschaftsunternehmen, rein rechtlich gesehen, so beschließen und umsetzen kann, wird in Europa von öffentlicher Hand mit Steuergeldern betrieben. In der österreichischen Filmförderung gibt es seit Jahren ein »Diversity«-Lektorat, das eingereichte Projekte begutachtet. In der Filmförderung Hamburg Schleswig-Holstein wurde eine »Diversity Checklist« eingeführt, die von jedem Antragsteller ausgefüllt werden muß. Abgefragt wird zum Beispiel, ob die verschiedenen Geschlechter im geplanten Film »ausgeglichen repräsentiert« werden, auch die nichtheterosexuellen; ob »People of Color« vorkommen; nicht zuletzt auch, welchen Geschlechtern sich Regisseur, Drehbuchautor und Produzent zurechnen. Weil all das so offensichtlich im Widerspruch zur verfassungsrechtlich garantierten Kunstfreiheit steht, wird betont, daß die Checkliste nur informativen Charakter und keinerlei Einfluß auf Förderentscheidungen habe.

Auch auf Buchverlage wird der Druck laufend erhöht. Sollten sich Inklusions-Exklusions-Regeln in der Literaturbranche durchsetzen, würden sie bei der Auswahl von Texten *und* bei der Auswahl ihrer Verfasser erwogen, sprich: angewandt werden. Diversität ist die neue »ästhetische« Kategorie, um die sich alles dreht, nämlich eine, in der jeder von seinem eigenen Biotop berichtet. Was für Oscar-Nominierungen expressis verbis zur Vorbedingung erhoben worden ist, läßt sich auch auf Longlists von Literaturpreisen übertragen. Und auf Literaturprogramme der Verlage, von entsprechenden internen Richtlinien hört man bereits. Am Ende blieben als Romanstoffe mehr oder weniger verkappte Autobiographien, jeder Prosatext wäre eine weitere Variation von »Reise um mein Zimmer«: faction statt fiction, neudeutsch »Autofiction«. Damit wäre Literatur zwar nach wie vor Kartographierung von Welt, allerdings im Maßstab eins zu eins. Ist so Erkenntnisgewinn möglich? Weltläufigkeit? Literatur wäre dann *nicht* mehr: ein Brennglas, in dem sich die Welt durch künstlerisches Arrangement neu offenbart; ein Passierschein zur Grenzüberschreitung in alle Himmelsrichtungen; ein Zaubermittel, das uns der eigenen Identität entbindet und qua Phantasie mehr als nur dies eine Leben führen läßt; ein Remedium, das Schrecken und Grausamkeiten des Lebens durch poetische Gestaltung erträglicher macht.

Eine identitätspolitisch korrekte Literatur wäre, konsequent zu Ende gedacht, nichts weiter als diese unsre Welt noch einmal: Abbild dessen, was ist, durch den, der das Original dazu ist. Freilich geht eine Exklusivierung von Romanstoffen für diejenigen, die in der Welt ihres Romans auch *tatsächlich* beheimatet sind, vollkommen am künstlerischen Schaffensprozeß vorbei. Der beginnt in der Regel mit einer Inspiration, jedenfalls bei mir. Worüber ich schreibe oder nicht, entscheide nicht ich; ein Stoff überrascht mich, eine Geschichte schlägt mich in Bann, und oft zum ungünstigsten Zeitpunkt, der meine Pläne durcheinanderbringt. Das zwingt mir die Entscheidung auf, ganz einfach deshalb, weil die Entscheidung für oder gegen eine literarische Eingebung nicht verhandelbar ist: Nur durch Schreiben werde ich sie wieder los.

Identitätspolitik erscheint mir ihrem Wesen nach kulturfremd, wenn nicht -feindlich. Sie vertraut nicht auf den Erkenntnisgewinn der Kunst, in der alles von allen dargestellt, gesagt oder geschrieben werden kann. Sie ersetzt die unendliche Bandbreite möglicher Interpretationen, Haltungen, Weltbetrachtungen durch den schmalen Grat einer schlichten, oft nur vermeintlichen Authentizität.

Zensur, rückwirkend

Abgehalten, verhindert, getilgt wird mittlerweile auch dort, wo es niemand erwartet hätte. Im Frühjahr 2021 wurde bekannt, daß in der niederländischen Neuübersetzung von Dantes »Göttlicher Komödie« der Passus über Mohammed als Höllenbewohner gestrichen wurde, angeblich um Leser nicht unnötigerweise zu verletzen.[33] Jahrhundertelang hat sich meines Wissens nie ein Leser gemeldet, der davon verletzt worden wäre, auch nicht aus dem islamischen Kulturkreis. Das, was anhand der Mohammed-Karikaturen (die 2005 in der dänischen Tageszeitung *Jyllands-Posten* veröffentlicht wurden) als Freiheit der Kunst in einer demokratischen Gesellschaft immer und immer wieder beschworen und verteidigt wurde, in der Dante-Neuausgabe wird es ohne Not verraten und preisgegeben.[34]

Neben der Hoch- ist auch die Populärkultur betroffen. Nachdem die Bibel bereits vor fünfzehn Jahren in »gerechter Sprache« erschien, soll sie jetzt ein weiteres Mal neu übersetzt werden, in noch gerechterer Sprache. Man verspricht, überall dort besonders genau hinzuschauen, »wo im Text patriarchalische Muster unsachgemäß verstärkt werden«. Die Anrede beim Vaterunser etwa soll dann lauten: »Du, Gott, bist uns Vater und Mutter im Himmel …« Man darf gespannt sein, inwiefern Mariä unbefleckte Empfängnis unter diesen Bedingungen noch erzählt werden kann. Was der Rat der Evangelischen Kirche Deutschlands offiziell ablehnt – Veränderung historisch überlieferter Gegebenheiten und tiefgreifende Neukomposition der Originaltexte –, wird von feministischen Theologen als Befreiung gefeiert.[35]

Und warum muß man Donald-Duck-Comics zensieren? Deren Übersetzungen ins Deutsche von Erika Fuchs sind aufgrund ihres Sprachwitzes kanonisch geworden. Doch überall, wo etwa Bleichgesichter mit Indianerhäuptlingen die Friedenspfeife rauchen oder arabische Bösewichter »Beim Scheitan!« fluchen, hat man jetzt, das Urheberrecht ignorierend, Hand angelegt. Wobei es auch hier der Verlag selbst war, der bis zu 109 Änderungen pro Band seiner Donald-Gesamtausgabe vornahm – offensichtlich, so schreibt Achim Hölter, Professor für Vergleichende Literaturwissenschaft, »weil einige der Storys Probleme mit ethnischen Zuschreibungen bereiteten und weil man, einmal im Editiermodus, auch vor stilistischen und sachlichen Eingriffen nicht mehr bremsen wollte.«[36]

Schon die Bilderstürmer der Reformation, Maos Revolutionsgarden, die islamistischen Sprengmeister der Buddha-Statuen von Bamiyan hielten sich für moralisch überlegen. In all jenen Fällen ist es selbstverständlich, die Zerstörung des kulturellen Erbes als das zu bezeichnen, was es ist: barbarisch. Nun scheint sich in unserer Literaturlandschaft Ähnliches zu ereignen, mit dem Unterschied, daß die neuen Kulturrevolutionäre lieber im Verborgenen wirken. Und weil sie »nur« Wörter, Sätze oder Absätze streichen, wo andere komplette Inszenierungen von der Theaterbühne oder Gemälde aus Museen verbannen, werden sie außerhalb der Branche kaum wahrgenommen.

Geschichtsfälschung gehört zum kleinen Einmaleins totalitärer Regierungsformen, auch das schon nachzulesen in George Orwells »1984«: »›Wer die Vergangenheit beherrscht‹, lautete die Parteiparole, ›beherrscht die Zukunft; wer die Gegenwart beherrscht, beherrscht die Vergangenheit.‹«[37] Indem Verlage Texte stillschweigend dem Zeitgeist anpassen – oder eigentlich: dem, was sie für den Zeitgeist halten –, vergehen sie sich nicht nur an Autor und Werk, sie mißbrauchen auch das Vertrauen, das der Leser einer Buchausgabe in puncto Originaltreue entgegenbringt. Würden es zukünftige Epochen ähnlich halten, gäbe es bald keine Originaltexte mehr. Achim Hölter sagt »eine zunehmend ungenierte Interventionskultur« voraus.[38] Lektoren verschiedener großer Publikumsverlage erzählen unter der Hand, daß sie bereits angehalten wurden, alle lieferbaren Titel ihres Hauses auf fragwürdige Inhalte oder Formulierungen zu überprüfen.

Alle. Je nach Einzelfall übersetzt man die betreffenden Werke dann neu oder nimmt sie vom Markt. Falls ein Titel bereits einen Shitstorm erfahren hat, nötigt man den betreffenden Autor, seinen Text für die nächste Auflage »auf Sensitivity-Niveau« zu bringen oder mit einem politisch korrekten Nachwort abzufedern.

Nun kommen die Proteste freilich von der Gegenseite, etwa von Michael Lemling, der beflissenes »Framen« oder stillschweigendes Umschreiben zurecht als Beleidigung eines intellektuellen Lesers empfindet.[39] Es scheint nur eine Frage der Zeit, bis auch die deutschen Klassiker umgeschrieben werden. Die gesamte Backlist steht zur Disposition und damit unser aller kulturelles Erbe, nicht nur das der Verlage.[40]

In Orwells »1984« arbeitet der Protagonist im »Wahrheitsministerium«, dem die Kontrolle der Künste und des Nachrichtenwesens obliegt. Er ist mit nichts anderem beschäftigt, als Druckerzeugnisse früherer Jahre so zu bearbeiten, daß sie nicht im Widerspruch zur gerade aktuellen Parteilinie stehen. Die Weisungen, die er, abgekürzt im Jargon des Ministeriums, erhält, lauten: »rechtstellt«, »verbessert«, »fehlzitiert«, »totalumschreibt«. Bereits anhand der Befehle soll er sich im Recht fühlen, schließlich korrigiert und verbessert er nur, was in der Vergangenheit offenbar falsch festgehalten wurde. Die Anweisungen seiner Vorgesetzten »sprachen nie aus oder ließen durchblicken, daß eine Fälschung vorgenommen werden sollte; immer wurde nur von Weglassungen, Irrtümern, Druckfehlern oder falschen Zitaten gesprochen, die im Interesse der Genauigkeit richtiggestellt werden mußten«. Weitere Kollegen sind damit beschäftigt, Druckerzeugnisse aller Art ausfindig zu machen, deren ursprüngliche Fassungen aus ideologischen Gründen vernichtet werden müssen: »Auch Bücher wurden immer wieder aus dem Verkehr gezogen und neu geschrieben und ohne jeden Hinweis auf die vorgenommenen Veränderungen neu aufgelegt.« Einer schwärmt sogar: »Mit dem Jahr 2050 – aber vermutlich schon früher – wird jede wirkliche Kenntnis der Altsprache verschwunden sein. [...] Chaucer, Shakespeare, Milton, Byron werden nur noch in Neusprachfassungen vorhanden sein, und damit nicht einfach umgewandelt, sondern zu dem Gegenteil von dem verkehrt, was sie waren.«[41] Wo bei Orwell die Bücher noch um- und umgeschrieben werden, um sie systemkonform zu machen, werden sie in Aldous Huxleys »Schöne neue Welt« verboten und in Ray Bradburys Roman »Fahrenheit 451« verbrannt. Wer die Kontrolle über die Literatur hat, hat sie auch über die Menschen.

Nein, eine vertikale Zensur, ausgeübt durch Staatsorgane, gibt es in Deutschland zum Glück nicht. Doch die horizontale Zensur, ausgeübt durch uns selbst und unsresgleichen, ist womöglich umfassender, als es staatliche Kontrolle je sein könnte. Sie reduziert die Komplexität von Literatur – deren Welthaltigkeit gerade darin besteht, daß sie sich uneingeschränkt all dessen annimmt, was der Fall ist und sein könnte, selbst wenn es verwerflich und empörend sein sollte – und bringt sie stromlinienförmig auf Kurs. Oder versucht, sie vollständig zu eliminieren: Cancel Kant, cancel Hegel, cancel ... Wer ist der nächste? Auf Germanistenkongressen werden schon Forderungen erhoben, einzelne Klassiker komplett aus dem Kanon zu verbannen: »Cancel Kleist« zum Beispiel, weil man eine seiner Erzählungen aufgrund ihrer Stoffwahl für rassistisch hält. Vielleicht sollte man dann auch gleich die Brüder Grimm als strukturell sadistisch aussondern. Oder Goethe als toxisch männlich, überdies als permanent übergriffig im Sinne kultureller Aneignung.

Ein weites Feld tut sich da auf für Germanisten wie Verlagsmitarbeiter. Man könnte ja all die Verfehlungen der Altvorderen, ob in ihren Texten oder Lebensläufen, kritisch kommentieren, könnte ihr Werk in einen erkenntnisstiftenden Kontext stellen. Damit will man sich jedoch nicht begnügen. Man glaubt, berechtigt zu sein, Kunstwerke über alle historischen Zäsuren und kulturellen Grenzen hinweg nach den eigenen moralischen Maßstäben beurteilen und bearbeiten, im »schlimmsten« Fall aus dem Verkehr ziehen zu dürfen – Hybris mit hegemonialer Ambition. Immerhin können wir uns noch an alte Ausgaben der Weltliteratur halten. Selbst ein Einkauf im Antiquariat wird damit, ob gewollt oder ungewollt, zur Demonstration einer Haltung.

Sind Verlage nicht die Orte der Vielfalt, sind Verleger nicht Freiheitskämpfer? Wenn in Debatten mal einer an den Pranger gestellt oder bei einer öffentlichen Veranstaltung mit Krakeel und Krawall angegangen wird, das kann ich sogar noch verstehen. Polemik und Meinungsstreit gehören in einer demokratischen Gesellschaft dazu. Wenn Cancel Culture[42] aber still und systematisch vorgeht, wird es für eine freiheitliche

Gesellschaft wirklich gefährlich. Unsre gesamte Tradition neu bewerten: meinetwegen. Sie auch gleich nach eigenem Gutdünken umschreiben: Da fehlen mir die Worte.[43]

Zensur, vorbeugend

Betreutes Lesen fängt beim kuratierten Schreiben an. Wir stehen gerade nicht nur am Anfang einer rückwirkenden Bereinigung des abendländischen Bildungskanons, es gibt auch schon erste Überlegungen, was man überhaupt noch schreiben darf. Allgemein sichtbar wird dabei nur die Spitze des Eisbergs, etwa beim Rausschmiß von Monika Maron aus dem S. Fischer Verlag im Oktober 2020, nach immerhin vierzigjähriger Zusammenarbeit. Andere verschwinden, ohne daß man es bemerkt. Bücher, die gar nicht erst erscheinen, hinterlassen keine Lücken.

Ein neuer Berufsstand ist dabei, sich zu etablieren: der »Sensitivity Reader«. Er wird gebucht, um ein fertig geschriebenes und womöglich auch schon lektoriertes Manuskript noch einmal unter dem Gesichtspunkt zu überprüfen, ob es irgendwo Anlaß für Empörung bieten könnte. Mit anderen Worten: Er soll dafür sorgen, daß ein woker Leser ausschließlich das von einem Buch erhält, was seiner woken Weltsicht entspricht. Der »Sensitivity Reader« ist die personifizierte Triggerwarnung. Man hört, daß insbesondere Debütromane von »Sensitivity Readern« überprüft werden. Man hört, daß die Debütanten das nicht erfahren.

Wem ist damit gedient? Bis vor kurzem hat man Bücher besonders geschätzt, wenn sie anderes boten als das, was man schon kannte. Literatur sollte nicht nur unterhalten, sie konnte, ja sollte auch mal riskante Positionen einnehmen, um zu einer Auseinandersetzung mit der Welt herauszufordern, die man ohne das betreffende Buch so nie geführt hätte. Dazu durfte, ja sollte sie uns durchaus frappieren, vor den Kopf stoßen, mit ihrer Darstellung schockieren – nicht zuletzt auch durch ihre Sprache. Literatur sollte »die Axt für das gefrorene Meer in uns« sein, so hat es Franz Kafka formuliert. Der »Sensitivity Reader« sorgt dafür, daß die Axt stumpf geschliffen wird, auf daß das Meer in uns gefroren bleibe.

Literatur, die sich absichert, ist überflüssig. Eine Leserwarnung vorab, etwa als Banderole »Explicit« wie bei CDs mit eindeutigen Lyrics, meine ich nicht; derlei fiele für mich eher unter Marketingmaßnahmen. Ich meine die freiwillige Selbstkontrolle von Autoren. Indem wir bei jeder Entscheidung all die Spielarten von »sensiblen Lesern« im Hinterkopf haben, die durch gewisse Sujets, Figuren, Handlungen, Wörter oder was auch immer verletzt, beleidigt oder gar »retraumatisiert« werden könnten, schränken wir den Gestaltungsspielraum von Literatur gewaltig ein. Nur durch Schweigen wird man es am Ende wirklich ausnahmslos jedem recht machen können.

Als »Sensitivity Reader« bietet auch schon Google seine Dienste an, wenngleich vorerst nur für Texte auf Englisch: In der neuesten Version von Google Docs markiert die Autokorrektur nicht mehr bloß Rechtschreib- und Grammatikfehler, sondern auch ideologisch Fragwürdiges. Im Sinne der Genderkorrektheit wird »mankind« dann zu »humankind«, »mailman« zu »mail carrier« oder »chairman« zu »chairperson«.[44] Am internationalen Frauentag, 8. März 2021, überklebten Aktivisten Straßenschilder am Berliner Hermannplatz und benannten ihn in »Frau-Frau-Platz« um.[45] Ähnlich tolpatschig stelle ich mir Googles künftige Autokorrektur-Vorschläge auf Deutsch vor. Klar, man wird sie in den Einstellungen deaktivieren können. Fragt sich nur, wer das tun wird und, vor allem, wie lange er es durchhält.

Vor kurzem erschien eine Auswahl meiner Gedichte in China. Um eine ISBN zu erhalten, mußte ein Gedicht herausgenommen und durch ein anderes ersetzt werden. Ärgerlich, keine Frage! Aber verhältnismäßig einfach zu bewerkstelligen. Wenn man die Kriterien der Zensoren kenne, so die Vertreter meines chinesischen Verlags, lasse sich fast jedes Buch zum Druck bringen. Ersetze man gewisse Schlüsselvokabeln durch poetische Metaphern, könne man selbst kritische Inhalte vermitteln. Ähnliches habe ich von Autoren gehört, die in der DDR veröffentlichten. Im Vergleich dazu ist Selbstzensur in Zeiten politischer Korrektheit – die ja mit Blick auf sämtliche gesellschaftlichen Gruppen und deren Befindlichkeiten stattzufinden hat – ein abendfüllendes Programm. Wer einmal damit angefangen hat, das weiß ich aus eigener Erfahrung, wird so schnell nicht mehr aufhören.

Auf Zensurvorgaben staatlicher Kontrollbehörden kann man sich verhältnismäßig gut einstellen. Bei den leicht erregbaren Nutzern sozialer Medien weiß man nie, wer sich im nächsten Moment über welches Wort, welchen Nebensatz, welche Figurenrede, welchen Stoff empört. Das macht die Lage im liberalen Deutschland tatsächlich komplizierter als im totalitären China. Wo der Lektor mein Manuskript früher auf stilistische oder konzeptionelle Mängel abklopfte, überprüft er es heute auch auf Formulierungen hin, die – aus dem Zusammenhang gerissen, möglicherweise mit Absicht – mißverstanden werden könnten. Zusätzlich gebe ich das Manuskript an weitere Leser, die es parallel zum Lektor sichten und aus ihrem jeweiligen Blickwinkel Stellen markieren, die zu Mißverständnissen einladen könnten. Jede davon ist ein Problem, das umso größer wird, je sorgfältiger man es einzugrenzen sucht. Der Korrekturaufwand pro Manuskript hat sich auf diese Weise vervielfacht.

Bislang ließ sich für Stellen, die der eine oder andere mit Fragezeichen versehen hatte, immer eine Lösung finden, die nicht auf Kosten von Stil oder Erzählfluß ging. Ultima ratio ist die Schwärzung von Stellen, wie ich sie bereits im 1997 erschienenen »Weiberroman« vorgenommen habe. Was damals ästhetisches Spiel war und im Nachfolgeroman »Ein Mann von vierzig Jahren« zur Schwärzung einer ganzen Seite führte, ist heute pragmatischer Umgang mit einem Dilemma. Fast keines meiner Bücher kommt mehr ohne Schwärzung in den Handel, es ist meine Form, mich den Forderungen der politischen Korrektheit zu beugen, ohne mich ihnen zu unterwerfen. Mit der Schwärzung zeige ich dem Leser immerhin noch die Wunde, die meinem Text durch Selbstzensur zugefügt wurde.

Die neue Rolle des Schriftstellers

Immer häufiger beschäftigt man sich in der Verlagsbranche, so man sich dort identitätspolitisch korrekt verhalten will, nicht mehr nur mit den Sujets, den Geschichten, dem Stil und den Wörtern, die ein Autor wählt, sondern mit dem Autor selbst. Man sieht genau hin, wer in welchem Alter mit welcher Herkunft, Hautfarbe, sexuellen Orientierung welches Thema bearbeitet, immer unter der Frage: Ist er dazu berechtigt? Die wohlfeile Antwort darauf heißt zwar immer noch: Natürlich, Literatur darf alles. Immer öfter schließt sich jedoch ein »Aber …« an: »Aber wir müssen damit rechnen, daß sich bei dieser abfälligen Schilderung von Haustieren, bei der Vorliebe der Hauptfigur für schnelle Autos oder weil der Bösewicht eine PoC ist, Protest meldet.« Will sagen: Literatur darf zwar alles, ausgerechnet dieser Schriftsteller darf jedoch vielleicht nicht mehr alles über Haustiere, Autos oder PoCs schreiben, vor allem nicht, wenn er es ausschließlich mit textimmanenten Kriterien beglaubigen kann: mit erzählerischer Kompetenz, stilistischer Brillanz und vielleicht einer steilen These. Womit wir schon bei Überlegungen sind, ob der erhoffte Erfolg eines Titels, ja die wirtschaftliche Situation des ganzen Unternehmens durch Protest- oder Boykottaufrufe gefährdet und ob es daher besser sein könnte, ein anderes Buch ins Programm zu nehmen, dessen Verfasser von seinem biographischen Hintergrund her besser zu seinem Stoff und seinen Hauptfiguren »paßt«.

Wieder sieht man nur die Spitze des Eisbergs: Eine Foucault-Monographie wird (erst mal) verschoben, weil Vorwürfe erhoben wurden, Foucault habe in Tunesien minderjährige Jungen mißbraucht. Die Übersetzung des Gedichts einer schwarzen Lyrikerin ins Katalanische wird nicht angenommen, weil der Übersetzer weiß und männlich ist, der Verlag mittlerweile jedoch eine Frau haben will, »jung, aktivistisch und vorzugsweise schwarz«.[46] Der Redakteur eines deutschen Wochenmagazins will ebenjenes Gedicht verreißen, wird von seinen Kolleginnen aber »überzeugt«, es als alter weißer »Cis-Mann« besser zu unterlassen. Ein Debattenband, verfaßt von zwei männlichen Autoren, wird vom Verlag abgelehnt, weil man bei diesem Thema als Co-Autor lieber eine junge Feministin sehen würde. Ein Roman über einen schwarzen Soul-Sänger wird gar nicht erst geschrieben, weil der Verlag zu verstehen gibt, daß er ihn bedauerlicherweise von einem weißen Autor nicht wird annehmen können. Wer als Schriftsteller auf der sicheren Seite sein will, tut gut daran, nicht mehr über den eigenen Horizont hinauszuschreiben. Der sprachlichen Selbstzensur entspricht die inhaltliche Selbstbegrenzung, die auf eine Selbstausgrenzung (aus dem Reich der Phantasie) hinausläuft.

Indem man eine Identität von Autor und Hauptfigur unterstellt, wird der fiktionale Charakter von Literatur ignoriert, und schon lassen sich ästhetische Kriterien durch moralische Bewertungen ersetzen. In meinem Fall müßten künftige Romane, sollten sie als authentisch gelten wollen, in einem ganz bestimmten, »meinem« Milieu in Wien spielen. Nimmt man es noch genauer mit der Authentizität, wäre selbst das fragwürdig, schließlich bin ich ein »Zuagraster« und sollte mir nicht einbilden, Wien auf angemessene Weise schildern zu können.

Oder gilt hier – Achtung, nach wie vor Ironie! – für mich schon ein Migrationsbonus als »erster Genderflüchtling«, als den man mich in einem Leserkommentar auf der Seite des »Standard« bezeichnet hat? Dessen Sicht auf Wien, weil sie aus der Perspektive einer Minderheit erfolgt, als »bereichernd« empfunden wird? Apropos Ironie: Schon weil sie ihrem Wesen nach das

Gegenteil von politisch korrekt und den Verfechtern des neuen Kommunikationsreglements entsprechend fremd ist – es sei denn, miserable Texte sollen mit dem Schutzstatus »Parodie« verteidigt werden –, schließen sich Wokeness und wesentliche Teile der Literatur von vornherein aus, ohne daß man darin erst lang nach Problemstellen suchen müßte: Ironie führt unter Jakobinern auf dem schnellsten Weg an den Pranger und dann aufs Schafott.

Das neue Dogma besagt, daß ein Thema nur von einem direkt »Betroffenen« bearbeitet werden dürfe, weil er derselben sozialen, ethnischen, sexuellen Minderheit angehört wie seine Figuren und diese entsprechend »authentisch« abbilden kann. Nämlich so, daß es die Erwartungshaltung des Rezipienten bedient, auch wenn entsprechende Zuschreibungen kaum objektivierbar sind und überdies keinen Spielraum für Brüche und Weiterentwicklungen lassen. Zu große Nähe zu einer Person oder einem Ereignis kann Erkenntnis allerdings auch verstellen. Zu einer »angemessen« differenzierten Darstellung gehört mitunter gerade eine professionelle Distanz, auch eine zur eigenen Person. Der Literaturwissenschaftler Erik Schilling kommt in seiner Untersuchung »Authentizität. Karriere einer Sehnsucht« zu einer ähnlichen Einschätzung und zum erfrischend flotten »Fazit: Ja, ich sollte einen Text aus der Sicht eines australischen Murmeltiers schreiben, auch wenn ich nie eines gewesen bin.«[47]

Das neue Dogma besagt *im entgegengesetzten Fall*,

etwa der Auseinandersetzung eines weißen Autors mit »schwarzen« Themen und Figuren, nicht etwa nur, daß diese *un*authentisch sei, sondern per se rassistisch, sogar dann, wenn sich der Autor in seinem Text um die kritische Aufarbeitung der Kolonialgeschichte bemühen sollte. Je offener sich unsre Gesellschaft gibt, desto verschlossener wird sie im konkreten Fall. Wer nicht mal mehr in der Phantasie andere Persönlichkeiten, Identitäten, Ethnien bereist und sich nicht mal mehr auf dem Papier mit Ansichten und Verhaltensweisen auseinandersetzt, die von den eigenen abweichen, nimmt irgendwann nichts mehr von außen wahr oder gar auf und schon gar nicht an. Ob den Wortführern der Identitätspolitik klar ist, daß es gerade das Wechselspiel »kultureller Aneignung« war, das die Menschen im Lauf der Jahrhunderte über alle Grenzen hinweg verbunden und in glücklichen Epochen näher zusammengebracht hat?

Ich bin einen Großteil der letzten Jahrzehnte in fremden Kulturen unterwegs gewesen und kenne das Gefühl, einer Minderheit anzugehören. Wegen meiner Hautfarbe, wegen meiner Herkunft, wegen der deutschen NS-Vergangenheit und wegen meiner – unterstellten – Religionszugehörigkeit wurde ich eingeschüchtert, sexuell belästigt, körperlich angegriffen, verhöhnt und rassistisch beleidigt. Oft habe ich die Sache einfach runtergeschluckt, manchmal habe ich eine Diskussion vom Zaun gebrochen, immer mal wieder mußte ich mich mit körperlicher Gewalt der Angriffe erwehren. Es hat meiner Liebe zu diesen Ländern keinen Abbruch getan.

»Wir sind alle Ausländer, fast überall«, dieser in den 1980er-Jahren berühmt gewordene Aphorismus liest sich heute auch als: Wir sind alle Vertreter einer Minderheit, fast überall. Es steht für mich außer Zweifel, daß wir moralisch dazu verpflichtet sind, Minderheiten auch bei uns zu Hause mit Respekt zu behandeln. Und daß ich mich dazu verpflichtet fühle, mit demselben Respekt über die Fremde zu schreiben. Als Reisender sammle ich nicht zuletzt Stoffe für meine Leser, als Schriftsteller bemühe ich mich, das weiterzugeben, was mir die Einheimischen – nicht selten über Monate – von ihrer Kultur und Lebensweise vermittelt haben. Für sie bin ich ein Botschafter der deutschen Kultur, zurück in Deutschland werde ich mit meinen Büchern, so habe ich mich jedenfalls immer verstanden, Botschafter ihrer Kultur. Mein Begriff vom Schriftsteller ist und bleibt auch angesichts all der neuen Mauern, die gerade errichtet werden, derjenige des Grenzgängers, des Wanderers zwischen den Welten, zumindest im übertragenen Sinne – gerade weil ich nirgendwo richtig dazugehöre, übrigens auch nicht in meiner eigenen Kultur. Überall bin ich auf meine Weise daheim und gleichzeitig ein Fremder, ebendas prädestiniert mich – und jeden, der es ähnlich erlebt – zum Vermittler.

Die neuen Forderungen der Identitätspolitik wollen das in Abrede stellen, ja unterbinden. Sie unterstellen jedem Weißen einen rassistischen Blick. Nun gilt er als a priori schuldig – offensichtlich ist die Erbsünde in unseren Lebensalltag zurückgekehrt – und bedarf der Läuterung zu einer »critical whiteness«. Mehr noch, man spricht ihm ab, überhaupt rassistische Erfahrungen machen zu können. Was ist das für ein Rassismus-Begriff, auf den man sich da beruft? Jedenfalls einer, der offen rassistisch gegenüber Weißen ist, auch wenn das Gegenteil behauptet wird.

Nein, es geht mir nicht darum, die Opfer-Täter-Rollen umzukehren! Ich trete, Seite an Seite mit Aktivisten jeglicher Couleur, gegen Rassismus ein. Aber genauso, wie ich nicht bereit bin, die Rollenzuschreibung »Biodeutscher« zu akzeptieren, lehne ich es kategorisch ab, die Rolle eines Schriftstellers anzunehmen, der sich auf »seine eigenen« Stoffe beschränkt. Denn auch mein Rassismusbegriff ist nicht verhandelbar: Für mich ist *jede* Diskriminierung eines Menschen aufgrund seiner ethnischen Wurzeln Rassismus. So, wie es keine gute Gewalt gibt, gibt es auch keinen guten, »antirassistischen« Rassismus. Es gibt nur Rassismus.

Sattelzeit

Wenn nicht mehr jeder jeden Text schreiben darf, wird auch bald nicht mehr jeder jeden Text lesen oder hören dürfen. Auch hier zeigt sich der totalitäre Kern der woken Weltanschauung. Habermas hätte ihn, vermute ich, als »linksfaschistisch« bezeichnet, ich bleibe bei meiner Etikettierung als »gegenaufklärerisch«.

Denn das ursprünglich aufklärerische Anliegen der Bewegung – Problematisierung von Benennungs- und Wahrnehmungsgewohnheiten, Sensibilisierung im Umgang mit jedem, der, die oder das anders ist als man selbst – begrüße ich nach wie vor und trete dafür ein. Allerdings glaube ich, daß die Bewegung inzwischen ihren erkenntnisstiftenden Zenit überschritten hat und ins Gegenteil umgeschlagen ist. Nun perpetuiert sie selber neue verzerrende Sichtweisen. Ihre fortwährende Selbstradikalisierung hat dem eigenen Anliegen schwer geschadet – und schadet langfristig auch den Minderheiten, weil sie diese so stark von der Mehrheit abgrenzt, daß ihr viel stärkere Abwehrreflexe entgegenzuschlagen drohen als je zuvor.

Wer »kulturelle Aneignung« – gerade eben noch als Kosmopolitismus positiv konnotiert – zum unstatthaften Übergriff erklärt, will auf postmoderne Weise zurück ins Mittelalter mit seinem rigiden Ständewesen, seinen unendlich vielen Ab- und Ausgrenzungen der Menschen unter- und gegeneinander. Identitätspolitik ist die abstrakte Form dessen, was wir seit Jahren ganz konkret in unserem Alltag als zunehmenden Egoismus von einzelnen erleben: Jeder ist sich selbst der Nächste, versucht, sein Recht durchzusetzen oder zumindest einen maximalen Vorteil für sich und seinen Clan zu erlangen. Analog dazu werden nun auch die Interessen ethnisch, religiös oder weltanschaulich homogener Gruppen als vorrangig postuliert. Deren Durchsetzung – »Sichtbarmachung« – funktioniert durch Abgrenzung von allen anderen auf Kosten aller anderen. Der Preis, der dafür langfristig zu zahlen sein wird, ist Selbstmarginalisierung; um im Wettstreit der Singularitäten wahrgenommen zu werden, wird es immer lauterer und radikalerer Wortmeldungen bedürfen.

Wir, die Restgesellschaft, erleben das als Prozeß einer zunehmenden Ausgrenzung immer kleinerer, homogener Untergruppen vom diversen Ganzen. Die gemeinsame Schnittmenge all derer, die zumindest noch auf dem Papier die Gesamtgesellschaft darstellen, wird so stetig geringer. Mit dem Aufkommen immer weiterer und stärker artikulierter Partikularinteressen geht das Interesse am Ganzen zunehmend verloren, der Gemeinsinn.[48] Man kann förmlich dabei zusehen, wie unsere Gesellschaft an den Rändern abbröckelt, wie sich tiefe Risse durch ihr Zentrum graben und wie sie demnächst an dieser oder jener Sollbruchstelle zu zerbrechen droht.

Gruppenidentitäten bieten dem einzelnen Mitglied gerade in solchen »Sattelzeiten«, wo ganz offensichtlich etwas zu Ende geht und etwas Neues beginnt, ein kohärentes Weltbild und Schutz, sie verschaffen Aufmerksamkeitsgewinn und damit auch ganz konkrete Vorteile. Freilich immer auf Kosten der Allgemeinheit. Das ist im Fall der Identitätspolitik nicht anders, sie verspricht sogar all jenen, auf deren Kosten sie ihre

Ziele verfolgt – den Vertretern der weißen Mehrheit –, als Kompensation eine quasireliöse Erlösung, vorausgesetzt daß sie ihre historische Schuld verinnerlichen und dadurch sühnen.

Bei allem, was derzeit debattiert wird, geht es nie »nur« um die Einschränkung von Meinungs- oder Kunstfreiheit, es geht um die Neubewertung dessen, was ein glückliches Leben ausmachen sollte, es geht um eine neue Antwort auf die Frage, wie wir als Gesellschaft miteinander – oder eben nur nebeneinander – leben wollen. Und es werden auch gleich Maßnahmen ergriffen, die neuen Werte praktisch umzusetzen.

Um Rassismus innerhalb westlicher Gesellschaften zu überwinden, wird per simplen Umkehrschluß ein militanter und, gelinde gesagt, einseitiger Antirassismus propagiert. Bei meinen Reisen in Afrika habe ich niemanden getroffen, der sich über »kulturelle Aneignung« oder »strukturellen Rassismus« beschwert hätte. Im Gegenteil, man begrüßte mich herzlich, oft mit der Bemerkung »We are cappuccino«, um mir gleich im Scherz zu versichern, daß Schwarz und Weiß wunderbar zusammenpassen. Von wegen Vorwurf der »white supremacy« und der Erwartung, daß ich mich schuldig zu fühlen hätte! Nein, man hatte hier *nicht* die alte westliche Sichtweise verinnerlicht und reproduziert, wie die woke Argumentation – top-down – unterstellt, sondern man hatte sich mit diesem Diskurs gar nicht erst lang aufgehalten. Und begegnete mir vielleicht gerade deshalb selbstbewußt auf Augenhöhe.

Beschädigung des Arbeitsmaterials: Grammatik

Was die Beschädigung meines Arbeitsmaterials betrifft, so beschränkt sie sich nicht auf Wort- und Stoffwahl. Sie erfolgt ganz maßgeblich auch auf der Ebene der Grammatik und greift damit in die *Struktur* der Texte ein. Was als »Liebe Bürgerinnen und Bürger« begann und erst mal nur eine betulich anbiedernde Aufplusterung all dessen brachte, was mit dem generischen Maskulinum nicht nur im Deutschen, sondern in den allermeisten Sprachen summarisch angesprochen ist,[49] wird heute per Genderstern, Unterstrich oder Doppelpunkt samt anschließendem »innen« als konsequente Feminisierung betrieben, schließlich wirkt die Endung »innen« mit oder ohne zäsurierenden Gender-Schluckauf akustisch prägend.

Das führt immer wieder zu Mißverständnissen, beispielsweise im Beitrag eines Hörfunkjournals, der durchgehend von »Migrantinnen« berichtete, die auf Lampedusa gelandet waren. Die Reporterin sprach ohne Glottisschlag, sie hatte sich bewußt dafür entschieden, nur weibliche Formen zu verwenden.[50] Allerdings hatte sie ihren Beschluß den Hörern nicht vorab mitgeteilt, und das bei einem notorisch umstrittenen Thema, dem man nicht auch noch durch notorisch umstrittenes Gendern, in diesem Fall sogar durch ein nicht mal mehr kenntlich gemachtes Radikalgendern, zusätzliche Brisanz verleihen sollte. So geriet ihr Beitrag unbeabsichtigterweise in die Nähe von Fake News, schließlich sind es in überwiegender Mehrzahl Männer, die auf Lampedusa ankommen. Aus der Vielfalt, die neuerdings von der Sprache expressis verbis erwartet wird und die das generische Maskulinum auch bieten würde, ist durch Gendern eine explizite Zwiefalt geworden, es sind nun eben »Migrantinnen« und/oder »Migranten«. Verkürzt man im Sinne woker Sichtbarmachung noch mehr, zeigt sich bei den verbleibenden »Migrantinnen« auf Lampedusa die Einfalt. Die Grundlage des öffentlichen Gesprächs wird gefährlich reduziert: von der Vielfalt über die Zwiefalt zur Einfalt.

Es versteht sich von selbst, daß man weibliche Formen wählt, sobald die betreffende Person eine Frau ist, eine Lehrerin, eine Professorin, oder etwa ein Auditorium ausschließlich aus Frauen besteht. Darum geht es mir nicht. Es geht mir nur um grassierende Pluralformen wie »Lehrerinnen und Lehrer«, »Professor*innen« oder »Mitarbeiter:innen«, »Hilfskräft'innen« oder »Studix«. Kann man in einer derart verklausulierten Sprache, wie sie der Zeitgeist fordert, überhaupt – aus dem Vollen schöpfend, nach Wahrhaftigkeit strebend – literarische Texte verfertigen? Nämlich als einer, der noch immer in alter Rechtschreibung schreibt, einfach weil sie klarer und schöner ist, und der aus denselben Gründen erst recht nicht vom generischen Maskulinum lassen will?

Würde ich, wie es die aktuelle Ausgabe des Dudens vorgibt, bei jedem Substantiv zwischen männlicher und weiblicher Endung abwägen – der Mensch, die Menschin –, weil ein generalisierendes Substantiv ohne die Nachsilbe »-in« nurmehr männliche Personen umfassen soll, müßte ich bei meiner Arbeit sehr viel Zeit auf Nebensächlichkeiten verwenden. Wie auch immer ich mich Fall für Fall entschiede, es würde den Fokus vom Wesentlichen abziehen und, nicht zuletzt, den Rhythmus der Satzperioden durch überflüssige Silben beschädigen.

Tue ich es nicht und schreibe weiterhin nach den gültigen Rechtschreibregeln, werden aus meinem Text Signale herausgelesen, die ich nie hatte setzen wollen. In gegenderter wie ungegenderter Fassung vermittelt er, ohne daß es im mindesten von mir gewollt wäre, eine politisch korrekte oder weniger korrekte Position, die dem Leser Anlaß für Spekulationen bietet.

Setze ich überall dort, wo in der herkömmlichen Grammatik ein einziger geschlechterübergreifender Oberbegriff gängig ist, das betreffende Substantiv erst mit weiblicher und dann auch mit männlicher Endung, blähe ich meine Sätze unnötig auf. Wähle ich den Gender-Stern, würde ich bei einer Lesung, mit oder ohne Schluckauf, durchgehend weibliche Substantivformen zum Vortrag bringen. Und dem Publikum auf putzige Weise zu verstehen geben, daß ich zu allen lieb sein will. Will ich das?

Welch verheerende Konsequenzen die Diskreditierung geschlechterübergreifender Begriffe für die erzählerische Ökonomie eines Textes hat, scheint mir offensichtlich. Wer könnte komplexe Satzstrukturen noch ohne Verrenkungen entwickeln, wenn er ständig an die korrekte Abbildung sämtlicher Geschlechter und damit an die korrekte Einbindung sämtlicher Relativpronomen denken muß? Und wer kann und mag noch einem komplexen Gedankengang folgen, wenn er darauf dressiert ist, vor allem auf politische Inkorrektheiten zu achten? Und das betrifft keineswegs nur die Literatur. Ein fester Bestandteil unsres politischen Lebens widmet sich inzwischen der korrekten Adressierung sämtlicher Bevölkerungsgruppen und der Bekundung, daß man all deren diverse Befindlichkeiten und Interessen verstanden und im Prozeß der politischen Willensfindung berücksichtigt habe. Tüchtig zu gendern mag Bürgernähe simulieren, es bedient jedoch nur immer wieder Emotionen und entzieht einem eventuell vorhandenen Gestaltungswillen schon mal einen Teil der Energie. Wie gut auf diese Weise Probleme moderiert statt gelöst werden können, wissen wir in Deutschland mittlerweile.

Der ersatzweise Gebrauch substantivierter Partizipien macht die Sache keinesfalls besser: Wer von Studierenden und Einbrechenden statt von Studenten und Einbrechern spricht, führt eine grammatikalische Form, die eine gerade stattfindende und noch anhaltende Tätigkeit bezeichnet, ad absurdum: Einbrechende sitzen möglicherweise längst im Gefängnis, sind allenfalls

Einsitzende. Studierende in Studierendenkneipen sind alles andere als am Studieren.

Nein, hier geht es nicht um Kleinigkeiten. Es geht um falsches Deutsch. Selbst auf den Websites von Universitäten werden Studix angehalten, »diskriminierungssensible«, ja »faire« Formulierungen und Schreibweisen zu verwenden.[51] Welcher Schriftsteller könnte ein Gedicht, einen Roman in »fairem«, also falschem Deutsch schreiben? Entschließt man sich am Ende, aus Gründen der Geschlechterparität Substantive einfach abwechselnd mal mit männlicher, mal mit weiblicher Endung zu versehen (wie man es im Rundfunk öfter hört), weiß man bald selber nicht mehr, ob im speziellen Fall vielleicht doch nur Männer oder Frauen gemeint sind.

Wer Gendergerechtigkeit mit einer entsprechend angepaßten Sprache befördern will, mißbraucht das Transportmittel von Inhalten als permanenten Signalgeber einer Ideologie: Das Medium ist die Botschaft, das Medium ist die Massage. Der Verzicht aufs generische Maskulinum geht mit einer durchgehenden Sexualisierung von allem und jedem einher, die geradezu obsessiv anmutet. Die Sprache, die der Zeitgeist demnächst vielleicht auch von meinen Texten verlangen wird, hat ihre Unschuld verloren. Zugegeben, völlig unschuldig war sie nie. Grosso modo hat sie sich jedoch bis heute – nein, bis gestern ihr Eigenleben bewahrt und damit eine weitgehende Unabhängigkeit.

In den aktuellen Diskursen wird sie bis in ihre Struktur hinein ideologisiert, und zwar selbst dann, wenn man sich den Sprachvorgaben entzieht. Denn auch das Beharren auf korrektem Deutsch gilt bereits als weltanschauliche Haltung, die weit über das Verhältnis zur Sprache hinausweist. Wenn ich gendere, oute ich mich – ganz unabhängig davon, was ich inhaltlich sage – als Zugehöriger zu einem bestimmten, angeblich fortschrittlichen Milieu. Wenn ich nicht gendere, bin ich für all jene, die es tun, sofort und vor allem keiner der ihren, obwohl ich womöglich große weltanschauliche Schnittmengen mit ihnen habe, aber das zählt dann nicht. Damit dient Sprache – in welcher der beiden Spielarten auch immer – nicht mehr nur dem *Transport* von Inhalten, sondern ist per se Inhalt.

Natürlich drückten gewisse Wörter oder Wendungen jenseits ihrer konkreten Bedeutung schon immer Generationszugehörigkeiten oder Weltanschauungen aus, etwa die im Lauf der Dekaden wechselnden Grußformeln »Peace«, »Alles klar«, »Alles gut«, »Ey, Digga, was geht ab«. Nun werden derlei Signale nicht mehr nur als Solitäre in Sätze eingebaut, sondern in deren Struktur. Damit werden sie, unabhängig von Thema und Anlaß, jedem zweiten, dritten Satz beigegeben, man kann sich ihnen nicht entziehen. Es ist wie beim notgedrungenen Hören einer Klaviersonate, die von einem mäßig begabten Pianisten in der Nachbarwohnung gespielt wird: Immer wieder erklingt ein falscher Ton, man hat keine Chance, ihn zu überhören.

Auch ein literarischer Text sendet damit permanent

Botschaften, die in Konkurrenz zu all den Botschaften stehen, wie sie etwa in Metaphern mitschwingen oder im Raum zwischen den Zeilen. Jene Botschaften wiederum stehen pars pro toto, schon der Gebrauch einer einzigen geschlechtergerechten Formulierung signalisiert die Haltung des Autors, sein Verzicht darauf desgleichen. Wer könnte in einer solch weltanschaulich kontaminierten Sprache noch unbeschwert drauflosschreiben?

Wer wird es demnächst noch ernsthaft wollen? Und wer noch dürfen? Jugendliche, die während der Schulzeit sprachlich »sensibilisiert« wurden, werden sich vielleicht bald über Bücher beschweren, in denen nicht gegendert wird. An vielen Universitäten wird den Studenten gedroht, daß es für ungegenderte Arbeiten Punktabzüge gibt.[52] Einige Stadtverwaltungen, etwa von München, Bremen oder Berlin, wurden per Verordnung angewiesen, im Schriftverkehr zu gendern. Wer sich nicht daran hält, riskiert Konsequenzen. Dutzende Wissenschaftler und Journalisten haben mir geschrieben, daß ihre Texte in den Lektoraten respektive Redaktionen gegen ihren Willen gegendert werden, andernfalls würden sie nicht gedruckt respektive gesendet. Im Herbst 2021 hat sich die erste Autorin dazu entschlossen, einen Verlag wegen Urheberrechtsverletzung zu verklagen, der ihren Text – ein Beitrag für eine Zeitschrift – gegen ihren ausdrücklichen Wunsch gegendert hatte, ja entgegen der Zusicherung, ihn in der von ihr eingereichten Form zu publizieren: Aus

»Zeichner« wurde in der gedruckten Fassung »zeichnende Person«, die Autorin fühlt sich dadurch laut Klageschrift »disqualifiziert«.[53]

Sichtbarmachung

Sprachwissenschaftler haben in immer neuen Essays die Absurditäten einer genderkorrekten Schreibweise aufgedeckt und die Kritik am generischen Maskulinum als ungerechtfertigt zurückgewiesen. Bestechend etwa in jüngster Zeit Olav Hackstein, er kommt zu dem Schluß:

> Es ist schlichtweg logisch falsch, aus der Möglichkeit, eine grammatische Kategorie misszuverstehen, die Einschränkung des Gebrauchs dieser Kategorie abzuleiten. [...] Das System, die Grammatik, besitzt a priori keine Intention zu diskriminieren. [...] Alles in allem sollte politische und gesellschaftliche Sprachkritik sich nicht auf die Grammatik, sondern ernsthaft auf die Sprachverwendung und tatsächlich gegebene Missbräuche beschränken und eben nicht auf solche, die aufgrund von Missverständnissen lediglich vermutet werden. [...] Eine wissenschaftliche Handlungsgrundlage zu berechtigter Kritik der Grammatik existiert nicht, da die Grammatik einer Sprache ein komplexes Ökosystem ist.[54]

Ja, es gibt auch Linguisten, die dagegenhalten. Doch in Wirklichkeit geht es in dieser Debatte nicht so sehr um richtiges oder falsches Deutsch. Es geht um Sichtbarmachung untergründiger patriarchalischer Strukturen in unsrer Sprache und um deren Korrektur, im Gegenzug um bewußte Sichtbarmachung von Frauen (und aller vermeintlich anderen Geschlechter) schon auf der Ebene der Sprache; das verändere das Bewußtsein der Sprecher und damit die Gesellschaft.

Nichts gegen eine Veränderung der Gesellschaft! Es ist das einzige Mittel, sie lebendig zu erhalten. Aber was für eine Vorstellung von Sichtbarmachung ist das denn? Hat sich je ein Mann im generischen Maskulinum »Bürger« als Mann, womöglich in seiner Männlichkeit, angesprochen gefühlt? Wer ist denn als erster auf diesen abwegigen Gedanken gekommen? Jeder weiß doch, daß im »Bürger« der einzelne nur als Partizipant eines Staatswesens angesprochen wird, in der weit überwiegenden Mehrzahl der Sprachen und vollkommen unabhängig von seinem Geschlecht. Das Geschlecht wird im generischen Maskulinum ja dankenswerterweise unsichtbar gemacht.

Und was wird durch Sexualisierung von Pluralendungen sichtbar gemacht, indem man das summarisch integrative »Bürger« in »Bürgerinnen und Bürger« aufspaltet, in »BürgerInnen«, »Bürger*innen« oder »Bürger:innen«? Jede der neuen weiblichen Pluralformen bleibt Nachsilbe, Suffix, Anhängsel eines (von Wokisten als »männlich« mißverstandenen)

Wortstammes. »Bürgerinnen« sind bloße Ableitungen von »Bürgern« und könnten ohne diesen Wortstamm nicht existieren. Wenn das generische Maskulinum von Wokisten als implizite Unsichtbarmachung von Frauen mißverstanden wird, so verstehen sie anscheinend ebensowenig, daß der »Sichtbarmachung« von Frauen ausgerechnet durch Ableitungsformen eine implizite Abwertung eingeschrieben ist. Sieht so Geschlechtergerechtigkeit aus?

Für mich wird beim Lesen konsequent durchgegenderter Texte nur immer wieder der unglaubliche Ballast sichtbar gemacht, den das Verfahren unsren Sätzen und damit auch unsren Gedanken aufzwingt. Sehr schnell stellt sich bei mir Unwille ein, weil der Lesefluß ständig unterbrochen und Lebenszeit vergeudet wird; nicht zuletzt auch dadurch, daß in syntaktischen Satzstrukturen die Referenzen nicht immer sofort klar sind und damit die eigentliche Aussage des Satzes nicht so ohne weiteres »sichtbar« ist. Nun, versichert man mir, so sieht eben Geschlechtergerechtigkeit aus. Aber sieht so ein gut geschriebener, vielleicht sogar elegant geschriebener Text aus?

Gendern als zivilgesellschaftlicher Ungehorsam

Wir können die Geschichte unsrer Sprache nicht umschreiben, das generische Maskulinum ist nun mal kein generisches Femininum. Gerade *weil* es Menschen nicht nach ihren sexuellen Zuordnungen abbildet, sondern nach Funktionen und Kompetenzen, macht es Frauen wie Männer auf ebenbürtige Weise sichtbar. Man muß es nur wieder erkennen wollen.

In England, wo die woken Weltanschauungskämpfe mindestens so heftig geführt werden wie in Deutschland,[55] hat man das offenbar. Und alle femininen Substantivformen, deren es freilich im Englischen weit weniger gibt als im Deutschen, als »diskriminierend« gestrichen. Es soll dort fortan nicht mehr »actress« heißen, sondern »actor« gleichermaßen für männliche wie weibliche Schauspieler. Und schon gar nicht »Prime Ministress«, sondern »Prime Minister«. Mit der bloßen Titelnennung – etwa »doctor« – vor dem Namen sollen ältere Anreden wie »Miss« oder »Misses« wegfallen. Eine tatsächliche Emanzipation, so das woke Credo in England, fände nur dann statt, wenn Berufe und Tätigkeiten, die man klassischerweise eher Männern zuschreibe, ohne Abstriche in der Benennung durch Frauen besetzt werden.

Klar, im Deutschen ließe sich die Sache mit dem

»Prime Minister« nicht so einfach nachvollziehen, weil wir dem Wort »Bundeskanzler« einen Artikel voranstellen müssen. Klar? Ich erinnere mich, daß man Frau Merkel zu Beginn ihrer sechzehnjährigen Amtszeit als »Frau Bundeskanzler« ansprach. Nele Pollatschek, die sich selbst übrigens als »Schriftsteller« bezeichnet – »Wer aus meinem ›Schriftsteller‹ ein ›Schriftstellerin‹ macht, kann auch gleich ›Vagina!‹ rufen« –, schreibt dazu:

> Hätte Deutschland den angelsächsischen Weg der Geschlechtergerechtigkeit eingeschlagen, dann gäbe es im Jahr 2020 sechsjährige Kinder, für die das Wort Bundeskanzler in erster Assoziation ein weibliches ist, weil sie es noch niemals erlebt haben, dass ein Mann Bundeskanzler ist. Durch die Verwendung der beiden unterschiedlichen Wörter »Bundeskanzler« und »Bundeskanzlerin« haben wir uns um diesen Sprachwandel gebracht.[56]

Auch der Rat für deutsche Rechtschreibung – ein international besetztes Gremium und als solches höchste Instanz im deutschsprachigen Raum –[57] vertritt die Ansicht, Geschlechtergerechtigkeit sei zwar eine gesellschaftspolitische Aufgabe, könne jedoch nicht mit orthographischen Regeln und Änderungen der Rechtschreibung gelöst werden. In seiner jüngsten Empfehlung vom 26. 3. 2021 heißt es:

> Der Rat hat […] die Aufnahme von Asterisk (»Gender-Stern«), Unterstrich (»Gender-Gap«), Doppel-

punkt oder anderen verkürzten Formen zur Kennzeichnung mehrgeschlechtlicher Bezeichnungen im Wortinnern in das Amtliche Regelwerk der deutschen Rechtschreibung zu diesem Zeitpunkt nicht empfohlen.[58]

Von den sieben Staaten, die den Rat 2004 eingerichtet haben, sind 41 Ratsmitglieder damit betraut, »die Einheitlichkeit der Rechtschreibung im deutschen Sprachraum zu bewahren und die Rechtschreibung auf der Grundlage des orthografischen Regelwerks im unerlässlichen Umfang weiterzuentwickeln«.[59] Eine eventuelle Einführung gendergerechter Schreibweisen fällt genau in ihren Zuständigkeitsbereich; der Rat ist die maßgebende Instanz, die darüber zu entscheiden hat. Doch obwohl auch alle Umfragen zum Thema Genderdeutsch immer wieder belegen, daß zwei Drittel bis drei Viertel der Deutschen dagegen sind – übrigens auch eine Mehrheit der Frauen –, wird dessen Vormarsch von Entscheidungsträgern und Gatekeepern maßgeblicher Gesellschaftsbereiche ungehindert betrieben, selbst in den öffentlich-rechtlichen Medien.

Es wäre an der Zeit, daß nicht mehr nur Artikel und Bücher geschrieben, Unterschriften gesammelt und weitere Umfragen gemacht, sondern daß endlich auch in Deutschland Entscheidungen seitens der Politik getroffen werden, um den Willen der Mehrheit zum Ausdruck zu bringen und damit das demokratische Prinzip zu verteidigen – wie es Emmanuel Macron in Frankreich getan hat.

Beneidenswerterweise hat man in Frankreich seit je die Pflege der Sprache als Haupt- und Staatsaktion betrieben, zu ihrem Schutz auch mal per Gesetz. Während an den deutschen Akademien oder beim PEN immerhin noch heftig pro und contra Gendern diskutiert und abgestimmt wird – auf der PEN-Jahrestagung 2021 lagen zwei wortgleiche Satzungen zur Abstimmung vor, die eine in durchgängig gegenderter Fassung, die andere mit Funktionsbezeichnungen in generischem Maskulinum –,[60] wird an Universitäten, in Behörden und vielen Medienhäusern angeordnet beziehungsweise »empfohlen« und umgesetzt. Zur Begründung verweist man wechselweise aufeinander, so etwa Katharina Fegebank, Hamburgs grüne Zweite Bürgermeisterin, die ihren Entwurf zur Einführung gendergerechter Schreibweisen in Hamburger Behörden damit stützte, daß es im öffentlich-rechtlichen Rundfunk auch so gehandhabt wird. Und mit Erfolg, ab dem 15.6.2021 muß – nein, kann auch in Hamburgs öffentlichen Einrichtungen gegendert werden.

Die seinerzeit noch amtierende Frauenministerin der Bundesregierung, Christine Lambrecht (SPD), wies kurz vor der Bundestagswahl 2021 die obersten Bundesbehörden an, auf alle Binnenzeichen im Dienste der Geschlechtergerechtigkeit zu verzichten.[61] Die Grünen hingegen wollen als Mitglied einer neuen Regierungskoalition durchsetzen, daß fortan sogar Gesetzestexte gegendert werden. Der Hamburger CDU-Chef wiederum möchte Gendern per Gesetz verbieten lassen. Das österreichische Bildungsministerium verfügte im Herbst 2021, nur noch gendergerechte Schulbücher zum Unterricht zuzulassen, auch schon in der Grundschule. Sachsens Kultusministerium hat seinerseits Schulen angewiesen, sämtliche Genderzeichen nicht mehr zu verwenden.[62] In Baden-Württemberg will es die neue, gleichfalls grüne Kultusministerin den Schulen, ja den einzelnen Lehrern freistellen, sich mit ihren Schülern gemeinsam für oder gegen genderkorrekte Schreibweisen zu entscheiden. Offensichtlich wollte sie bei niemandem anecken – und bekam prompt Proteste von Elternvertretungen, Philologen- und Lehrerverbänden.

Wie bei der Bekämpfung der Corona-Pandemie entsteht auch im Umgang mit geschlechtergerechter Schreibweise ein Flickenteppich unterschiedlicher Regelungen und Usancen. Es ist offensichtlich die Form, in der man in Deutschland die Idee des Föderalismus am besten begreift. Wechselt man das Bundesland oder den Arbeitsplatz, wird man nicht selten auch seine Rechtschreibung anpassen müssen. Leider gibt dabei selbst der Duden, früher das Standardwerk zur deutschen Rechtschreibung und »maßgebend in allen Zweifelsfällen«, keinen unvoreingenommenen Rat mehr. Hatte er sich über Jahrzehnte als deskriptives Kompendium verstanden, so schlug er sich 2004 auf die Seite der Gendergerechtigkeit: In seiner 23. Ausgabe führte er Berufsbezeichnungen erstmals auch in weiblicher Form auf. In seiner 28. Ausgabe von August

2020 legte er deutlich nach: »Der Bäcker«, bislang auch die Bezeichnung eines Verkaufsgeschäfts mit Mitarbeitern verschiedenen Geschlechts, ist für den Duden seitdem *nur* noch eine Person männlichen Geschlechts. Wer Hunger hat, muß jetzt überlegen, ob er »noch schnell zum Bäcker geht« oder »zur Bäckerin«. Oder eigentlich zur »Bäckereiverkäuferin«, vielleicht auch zur »Backwarenverkaufenden«, denn mit Bäckern oder Bäckerinnen hat man in den Verkaufsstellen ja in der Regel nicht zu tun. Mal schnell zum Bäcker zu gehen ist eine delikate Angelegenheit geworden.

Neben dem »Gast« listet diese Auflage auch »die Gästin« auf, ein Neologismus, der ob seiner Skurrilität droht, sprichwörtlich zu werden. Wer glaubt, derlei als lächerlich abtun zu können, hat nur noch nicht erkannt, daß die Konsequenzen dieser »Lächerlichkeit« früher oder später auch ihn betreffen werden. Die *maßgebende* Instanz zur deutschen Rechtschreibung ist der Duden seit der umstrittenen Rechtschreibreform 1996 immerhin nicht mehr. Daher kann das Redaktionsteam als Teil eines Wirtschaftsunternehmens – der Cornelsen-Verlagsgruppe – frei entscheiden, ob man »der Gast« weiterhin als Sammelbegriff führen will oder eben nicht; es hat keinen bindenden Charakter. Den haben allein die Entscheidungen des Rats für deutsche Rechtschreibung: »Der Rat ist somit die maßgebende Instanz in Fragen der deutschen Rechtschreibung und gibt mit dem amtlichen Regelwerk das Referenzwerk für die deutsche Rechtschreibung heraus.«[63]

Und das wiederum ist offiziell bindend für alle, insbesondere auch für den Sprachgebrauch in Ämtern und Institutionen: »Das Amtliche Regelwerk gilt für Schulen sowie für Verwaltung und Rechtspflege.«[64] Bislang hat der Rat, wie gesagt, keine Vorschläge zur Novellierung des Regelwerks bezüglich Gendergerechtigkeit gemacht, im Gegenteil, er hat bewußt darauf verzichtet. Das bislang geltende Regelwerk ist damit weiterhin verbindlich gültig. Umso erstaunlicher, daß sich selbst Behörden, die auf die allgemeine Achtung ihrer Amtsbefugnisse angewiesen sind, über die Empfehlungen einer ihnen in Sachen Sprache übergeordneten Institution hinwegsetzen und auf eigene Faust Sprachpolitik betreiben.

Die Stadt Hannover, seit Jahren Vorreiter einer gendergerechten Verwaltungssprache – die Anrede »Sehr geehrte Damen und Herren« ist von ihren Mitarbeitern, weil diskriminierend, seit 2018 zu unterlassen –, hat dazu sogar ein Gutachten bei einer Professorin für Öffentliches Recht und Geschlechterstudien in Auftrag gegeben. Die Professorin rechtfertigt die hannoversche Praxis nicht nur, sondern sieht den Auftrag zu einer »überfälligen De-Privilegierung« der Männer schon im Grundgesetz fixiert. Sie bezieht sich auf §3, Absatz 2: »Männer und Frauen sind gleichberechtigt. Der Staat fördert die tatsächliche Durchsetzung der Gleichberechtigung von Frauen und Männern und wirkt auf die Beseitigung bestehender Nachteile hin.« Von einer entsprechenden Handhabung des Deutschen ist hier zwar keine Rede, gleichwohl leitet die Professorin daraus eine Pflicht für staatliche Stellen ab, gendergerechte Sprache zu verwenden.[65] Ist das noch zivilgesellschaftliches Engagement oder schon zivilgesellschaftlicher Ungehorsam? Ist es noch freiheitlich demokratisch oder schon zivildemokratisch? Oder hat sich da nur jemand, vor Eifer blind, lächerlich gemacht?

Wovon ich rede, wenn ich von Sprache rede

Als Schriftsteller komme ich ursprünglich von der experimentellen Literatur. Und noch heute glaube ich: Man kann mit Sprache einiges ausprobieren, als eine Art kreatives Spiel für eine Leserschaft, die das goutiert. Sprache hat keinen Status quo, den es womöglich zu bewahren gälte, sie verändert sich ständig, gerade dadurch lebt sie weiter. Ich selbst, obwohl mittlerweile ein realistischer Erzähler, verändere meine Sprache von Buch zu Buch, damit sie dem jeweiligen Stoff so eng wie möglich anliegt, idealerweise wie eine Haut. Andere Schriftsteller tun das auch. Im Grunde verändern wir alle die Sprache permanent – spontan im Gespräch, sobald uns eine witzige Wendung gelingt oder ein ausdrucksstarker Versprecher unterläuft; während einer komplizierten Beschreibung, weil uns kein passendes

Wort einfallen will und wir in der Not etwas Neues erfinden. Wenn ich das Glück habe, derlei zufällig mitzubekommen, halte ich es in meinem Notizbuch fest. Es sind für mich literarische Impulse, gleichberechtigt mit all dem, was mir bei einer Niederschrift selber unterläuft, widerfährt oder glückt.

Die Summe solcher Impulse sorgt dafür, daß die Sprache jeden Tag ein Stück weiterwächst, während sie andrerseits auch da und dort abstirbt, sobald etwa ein althergebrachtes Wort zum letzten Mal geschrieben oder gesagt wird. Danach ist es vergessen und irgendwann Teil einer toten Sprache, die vielleicht einmal als »Nachkriegsdeutsch« katalogisiert und den Nachgeborenen fast so fremd sein wird wie Mittelniederdeutsch oder Frühneuhochdeutsch.

In dieser ständig sich verändernden Fülle an Möglichkeiten ist Sprache – jede Sprache, einschließlich ihrer Dialekte und Soziolekte – weit mehr als Abbild der Welt oder der Gesellschaft. Sie ist ein Fundus unendlich zahlreicher Welten, wie wir sie auf philosophische oder phantastische Weise selber bauen können, und für mich das Kostbarste, was wir hienieden haben: das Weltkulturerbe schlechthin.

Doch die Sprache, wie wir sie im öffentlichen Raum verwenden, ist noch etwas anderes. Sie ist Ausdruck der gemeinsamen Schnittmenge dessen, was sich sämtliche Mitglieder einer Gesellschaft sagen wollen oder müssen, jenseits von Fach- und Sondersprachen, jenseits von literarischen oder privaten Sprachspielereien oder

Marotten. Unsere Alltagssprache ist zweckorientiert. Kreative Abweichungen von der Norm, so kostbar sie für einen wie mich auch sein mögen, finden nur zufällig statt und führen nicht selten zu Mißverständnissen. Um Reibungsverluste bei der Vermittlung von Inhalten zu vermeiden, bedarf es eines Grundkonsenses in Bezug auf Grammatik und Vokabular, der von allen geteilt wird und nicht etwa aufgrund einer gewissen Terminologie Menschen ausschließt, die sich davon provoziert fühlen oder schlichtweg nichts verstehen. Erst so lassen sich kontroverse Inhalte sinnvoll diskutieren.

Und funktional muß unsre Alltagssprache ebenfalls sein, so klar und knapp und unmißverständlich wie möglich. Sie ist, wenn man es hochgestochen formulieren will, der beständig neu ausgehandelte Konsensualkontrakt der Gesellschaft mit sich selbst. Auf Deutsch: Alltagssprache ist das, was das Regelwerk der deutschen Sprache an Struktur und Wortschatz vorgibt und dadurch an Möglichkeiten eröffnet, Strukturen immer wieder neu und anders mit Inhalten zu füllen.

Daß dieser virtuelle Konsensualvertrag täglich Streichungen und Nachschriften erfährt, um das organische Wachstum der Sprache angemessen abzubilden, versteht sich. Eigenmächtige Korrekturen der Grammatik durch »proaktive« Eliten – und wollten sie damit auch die Welt zu einer besseren machen – kündigen ebenjenen Konsensualkontrakt auf, den Grundkonsens *aller* Sprecher dieser Sprache. Damit schreiben sie ihre Botschaften in die Sprache ein und machen sie vom Medium zum Subtext, der permanent eine (ihre) Haltung vermittelt – von den einen begrüßt, von den anderen abgelehnt.

Das werden Leser, die literarische Texte auch ihrer Sprache wegen lieben, bald bemerken. Schon heute besteht unsre neue Alltagssprache aus den immergleichen Textbausteinen, die den Sprecher weltanschaulich verorten und in alle erdenklichen Richtungen absichern sollen. Mag sie so »gerecht« sein wie nie zuvor in ihrer jahrhundertelangen Geschichte, als Arbeitsmaterial eines Schriftstellers taugt sie nicht. Sie kaschiert, statt zu benennen, sie bläht Satzstrukturen auf, statt sie schlank und schnell und musikalisch zu halten, sie nötigt ständig zu Gedanken, die man im Fluß der Darstellung nicht denken will, und zur Wahl gewisser Wörter, die man für kraftlos und unpoetisch hält. Vor allem ist sie nur die Sprache eines gewissen Teils unserer Gesellschaft. Künftig muß ich mich bei jedem Buch entscheiden, welchen Teil der Gesellschaft ich erreichen will – und meinen Text entsprechend aus der althergebrachten oder der neuen Alltagssprache entwickeln. Will ich das?

Das mußt du ja gar nicht! versichern mir meine woken Freunde: In der Literatur gelten andere Regeln als in der Alltagssprache. Phantasie darf alles, ein literarischer Text muß sich an keinerlei Vorgaben halten.

Auch nicht an die, die wir im Alltag gerade so vehement durchsetzen? Warum werden dann so viele Werke der Weltliteratur neu übersetzt, um sie nebenbei den aktuellen moralischen Standards anzupassen? Und vor allem: Ist die Sprache, wie ich sie im Alltag höre, nicht der Fundus, aus dem ich meine literarische Sprache herausdestilliere? Verändert sie sich im Alltag, verändert sich auch die Sprache meiner Texte. Es gibt keine zwei Sprachen, es gibt keine Regeln oder Restriktionen, die nur in der einen und nicht in der anderen gelten, es gibt kein richtiges Sprechen im falschen.

Als Schriftsteller kann meine Position nur darin bestehen, *allen* Haltungsvorgaben zu widerstehen, die sich auf Kosten der Sprache profilieren wollen – auch den Haltungsvorgaben von links. Ich sage das mit Bedauern, denn ich bin und bleibe ein Linker, den klassischen linken Themen ein Leben lang verbunden, auch den emanzipatorischen. Aber noch mehr als ein Linker bin und bleibe ich Schriftsteller. Eine frei sich entfaltende Sprache mit all ihrem Wildwuchs einschließlich ihrer knorrigen Wurzeln und giftigen Blüten ist notwendige Bedingung meiner Arbeit. Erst diese unbeschnittene Freiheit der Sprache verbürgt die unbegrenzte Freiheit der Gedanken, nicht nur für Schriftsteller, sondern für uns alle. Die Geschichte zeigt, wohin der Versuch ihrer Vereinnahmung – im Verbund mit deutscher Regulierungswut – führen kann.

Immer wieder bin ich erstaunt, wie konservativ Wokisten sind. Sie nehmen die Sprache moralisch in Dienst, weil sie mit ihren Anstandsregeln auch die Sprecher kontrollierbar machen wollen. Ein »Wortverbrechen«, um es in der Terminologie von Orwells »1984« auszudrücken, zeigt ihnen ein »Gedankenverbrechen« an. In Orwells Dystopie werden Systemkritiker so lange verhört und gefoltert, bis sie ihre Wort- respektive Gedankenverbrechen nicht etwa nur gestanden haben, sondern bis sie Sprache und Ideologie der Partei wirklich annehmen *wollen*, bis sie *fühlen*, daß sie die Partei auf den rechten Weg zurückgebracht hat. In Huxleys „Schöne neue Welt" wird abweichendes Denken schon von vornherein unterbunden. Von Geburt an werden alle Säuglinge zigtausendmal mit Parolen und Merksprüchen der Partei beschallt, „bis endlich der Geist des Kindes aus lauter solchen Einflüsterungen besteht" und alle Menschen mit dem entsprechend genormten Standardbewußtsein heranwachsen.[66]

Aber ich bin kein Alarmist. Sondern Vertreter einer kleinen Minderheit – das immerhin habe ich vom Zeitgeist gelernt – und betreibe auf meine Weise Identitätspolitik. Sie besteht darin, mich als Schriftsteller nicht irremachen zu lassen: Ich fordere nicht etwa neue, sondern alte Rechte – nicht etwa, weil die alten bequemer, sondern weil sie unbequemer, umfassender, radikaler, absoluter sind. Ich will nicht weniger als die *ganze* Sprache als mein Arbeitsmaterial, ohne jede Einschränkung vorab, ohne jede nachträgliche Bereinigung und einschließlich all ihrer Abgründe und Untiefen. Das einzige Interesse, das ich damit verbinde: Ich möchte weiterhin so ungezwungen sprechen und schreiben können wie bis … vor kurzem, und ich wünsche mir, daß es auch alle anderen tun können. Denn

Sprache dient nicht nur dem Transport von Erkenntnis und womöglich der einzig richtigen Weltanschauung. Sie ist viel mehr: Andeutung, Leidenschaft, Lust, Maßlosigkeit, Verhängnis … sie ist das Entgrenzungsmedium schlechthin. Vor allem ist sie, in ihren besten Momenten, Musik.

Seit nunmehr fünfzig Jahren, die ich schreibe, strukturiere ich meine Sätze nach rhythmischen Kriterien, ich höre die Abfolge von Hebungen und Senkungen beim Schreiben und passe die Inhalte entsprechend an. Wenn es läuft, geht es fast ohne mein Zutun voran, und ich kann mich an der Melodie der Sätze berauschen. Wenn es nicht läuft, wird es mühsam. Wenn man mir die Arbeit durch Sprachvorgaben verkompliziert, könnte ich allenfalls noch Satiren schreiben. Gesetzt den Fall, ich müßte dieses Buch auf einen einzigen Satz zusammenstreichen, so würde er lauten: Laßt mir die Musik in der Sprache!

Finale Neurose

Ich frage mich, wer all diese Formen der Ab- und Ausgrenzung, der Ge- und Verbote, die unsre Gesellschaft dekonstruieren, wirklich will. Schon bei der Rechtschreibreform saß kein einziger Schriftsteller in der Kommission, die darüber befand. Warum hört man auch jetzt, in der immerwährenden Debatte um politisch korrektes Vokabular, um gendersensible Grammatik, um postkolonial angemessene Stoffauswahl so wenige Schriftsteller? Sie brauchen, kennen und, vor allem, lieben die Sprache mehr als jeder andere, ihr Votum müßte doch ein ganz besonderes Gewicht haben? Doch wen müßten sie mit ihrem Votum außerhalb der Feuilletons überhaupt erreichen, auf daß sich etwas ändern würde am Ton der Debatte und an ihrem Verlauf? Wer steht hinter der woken Bewegung als deren Motor und ideologisches Kraftzentrum?

Sind es wirklich nur Randgruppen, die mit ihrer aggressiven Anklage- und Einschüchterungsstrategie die Mehrheit zu immer weiteren Zugeständnissen zwingen? Sind es tatsächlich die Universitäten, zunächst in den USA, längst auch in Deutschland und der ganzen westlichen Welt, die eine derart umfassend angelegte Parzellierungskampagne betreiben, bei der am Ende für jeden gerade mal der kleine Flecken übrigbleibt, auf dem er mit seinen beiden Füßen steht? Mag sein, die Aggressivität aufstrebender Generationen ist am Ende auch nur eine Beschaffungs- und Umverteilungsstrategie wie einst die der 68er gegenüber dem Nachkriegs-Establishment. Aber warum sind ihre Thesen und Theoreme so naiv und realitätsfern, so moralisch überladen und inkohärent, wie es eines offenen Diskurses, gerade auch eines akademischen, unwürdig ist?

Vielleicht ist die Antwort auf meine Fragen harsch und unbequem: Darum. Wir scheinen am Ende eines historischen Zyklus angelangt zu sein, wo Kulturen zerfallen, um etwas Neuem Platz zu machen. Unsre Gesellschaft ist mental alt geworden, sie ist nicht mehr hungrig auf Zukunft – als Gesellschaft, wohlgemerkt. Ersatzweise verzettelt sie sich in Luxusproblemen, während die wichtigen Fragen über Gebühr lang unbearbeitet bleiben, Strukturen ausfasern, Routinen des öffentlichen Miteinanders preisgegeben und manche der offenen Räume bereits von Interessensgruppen, nicht nur den zivilgesellschaftlich engagierten, übernommen werden.

An Initiativen und Reformen fehlt es nicht, jedoch an einem konzeptionellen, womöglich philosophisch unterfütterten Rahmen, der all dem, was auf nationaler und europäischer Ebene angestoßen und in Bewegung gehalten wird, eine entschiedene Richtung gibt. Ohne diesen sinnstiftenden Rahmen hat man den Eindruck, unsre Gesellschaft befinde sich seit Jahren in rasendem Stillstand. Er raubt uns die Seelenruhe, er macht uns krank, er macht uns überflüssig. Vielleicht erleben wir gerade die finale Neurose der westlichen Gesellschaft, und der Haß, den wir in unsrer Welteroberungsgeschichte gegen andere gerichtet haben, richtet sich nun autoaggressiv gegen uns selbst. Auflehnung gegen die Staatsgewalt, Massenproteste, Ausschreitungen am Rand von Demonstrationen mögen sich etwa gegen die Verhängung eines Corona-Lockdowns richten oder gegen die Einführung der Impfpflicht; doch derlei liefert nur immer wieder einen neuen Anstoß, der eigentliche Anlaß sitzt tiefer. Das Ende der Debattenkultur wäre damit nicht nur das Ende der Demokratie, sondern – zumindest als Vorbote – der Beginn einer Selbstzerstörung. In den Geschichtsbüchern der Zukunft würde sie zu einer weiteren Epoche des Verfalls verkürzt werden, an die sich irgendwann wieder eine des Neubeginns anschließt.

Im Fernen Osten, wo Europa und insbesondere Deutschland jahrzehntelang als Vorbild galten, hat man das – wie man mir im Rahmen meiner Residenzaufenthalte in Osaka, Shanghai und Peking immer wieder erzählte – erkannt. Selbst die Intellektuellen in den Metropolen Chinas, bislang stets auf demokratische Reformen hoffend, haben sich mit Blick auf die jüngsten Entwicklungen in Europa von ihrer Gesellschaftsutopie verabschiedet und setzen nun überwiegend auf den »chinesischen Weg«, der dem einzelnen weniger individuelle Freiheiten einräumt und ihm dafür mehr Sicherheit in der Gemeinschaft bietet. Noch befinden sich beide Systeme im Wettstreit miteinander, man ahnt jedoch, wer dabei in nicht allzu ferner Zukunft den Kürzeren ziehen wird.

Diesen Essay wird man dann vielleicht als Momentaufnahme einer demokratischen Gesellschaft lesen und ihrer Rückkehr in die selbstverschuldete Unmündigkeit. Einer Gesellschaft, die eine unglaubliche Beflissenheit darin entwickelte, Partialinteressen zu befriedigen, weil sie die Vision von sich selbst verloren hatte. Einer Gesellschaft, deren Mitglieder viel zu sensibel und gleichzeitig viel zu gleichgültig waren, um dem entschlossenen Vormarsch eines autoritären »Narrativs« etwas entgegenzusetzen.

Das Alte Europa

»Wie kann ich noch sagen, ich liebe dich, seit ich weiß, Autos lieben Shell« – dieses Diktum ist mir aus meiner Jugend in Erinnerung geblieben, ohne daß ich wüßte, wo ich es aufgeschnappt habe.[67] Es gilt heute wie damals, ein Weckruf in Form eines Aperçus, das uns zum Selberbedenken all der Begriffe anhält, die wir von anderen übernehmen. Wer die Terminologie des Zeitgeists benutzt, ohne sich ihrer versteckten Inhalte bewußt zu sein, ist den Haltungszeigern schon auf den Leim gegangen und, ob gewollt oder nicht, Teil einer Bewegung, die mit der alten Welt aufräumt.

Was unterm Sammelbegriff »Wokeness« an strukturellem Wahnsinn von uns gefordert wird, macht mir auch über die Niederschrift dieses Essays hinaus große Sorgen; nicht zuletzt die mit wachsender postintellektueller Blindheit einhergehende Zerstörungswut, der Kampf gegen alles, was die Idee des Alten Europa,[68] des aufgeklärten Europa für mich immer ausgemacht hat: Toleranz für Andersdenkende, Anderssprechende, Andersschreibende inbegriffen.

Nicht immer, zugegeben, kündigt der galoppierende Wahnsinn die apokalyptischen Reiter an. Aber wo nicht mehr miteinander geredet wird, um ein Bonmot von Egon Bahr zu variieren, wird bald wieder geschossen. In Äthiopien ist dies seit November 2020 der Fall, nachdem die verschiedenen weltanschaulichen und ethnischen Gruppierungen im Internet so lange aufeinander losgegangen waren, bis der Haß ins reale Leben übersprang. Ich war im Frühjahr 2020 dort, wenige Monate vor dem offenen Ausbruch der Gewalt, und habe miterlebt, wie sich die Stimmung immer mehr aufheizte und alle schon vom kommenden Krieg redeten.

Vielleicht ist das Alte Europa, das seit Anbruch des 21. Jahrhunderts Stück für Stück vor unseren Augen demontiert wird, bald ein Scherbenhaufen und als solcher wieder ein Sehnsuchtsort für viele, ähnlich wie es Kakanien nach dem Untergang Österreich-Ungarns war. Die Sollbruchstellen unsrer Epoche sind markiert, und wenn man die Werkzeuge etwas größer und gröber wählt als seinerzeit Nietzsche, läßt sich auch von Kleingeistern sehr wirkungsvoll mit dem Hammer philosophieren. Wildes Denken *und* Haltung zeigen finden in stürmischen Zeiten tagtäglich aufs neue zusammen, indem man trotzdem dort stehenbleibt, wo man immer schon stand: dazwischen. Behaupten wir zumindest unseren Platz auf einem der künftigen Versatzstücke des Alten Europa, damit wir Grund unter den Füßen haben, wenn die Beben stärker werden.

Wien

Indem ich nach Wien gegangen bin – könnte man mir vorhalten –, habe ich den festen Boden preisgegeben, auf dem ich in Hamburg stand. Selbstverständlich meine ich das intellektuelle Fundament, auf dem ich da wie dort und überall sonst in der Welt stehe: die europäische Kultur- und Geistesgeschichte, die Philosophie des kreativen Zweifels im Sinne einer fortwährenden Aufklärung, die Idee der Freiheit – ob des Gedankens, der Sprache oder der Kunst –, die es gegen jeden dirigistischen Eingriff zu verteidigen gilt.

Falls man mich trotzdem beim Wort nimmt, betone ich nochmals, daß mein Abschied von Deutschland weder endgültig noch hundertprozentig ist. Aber er ist, anders als selbst die längste Reise, auf Dauer angelegt. Indem ich auf Abstand gehe, möchte ich aus einem anderen Gesichtswinkel zu verstehen suchen, was mit meinesgleichen seit einigen Jahren los ist, was uns so emotionalisiert und rabiatisiert hat. Indem ich zwischen mir und den deutschen Debatten eine Grenze gezogen habe – und sei es auch nur eine hochgradig durchlässige –, habe ich neue Energie gewonnen, um wieder daran teilzunehmen. Dieser Essay, den ich nie hatte schreiben wollen, ist für mich der sichtbare Beweis.

Durch meinen Umzug nach Wien – Schafe hin,

Hammel her – habe ich die Sprache, die ich täglich um mich brauche, in einer weniger versehrten Form wiedergefunden. Und durch die charmant-süffisante Wiener Art, sie zu sprechen, ein großes Vergnügen dazugewonnen. Bereits im Süden Deutschlands, wo der Katholizismus noch als Kulturkatholizismus überlebt, wird der sprachreinigende Furor des protestantischen Nordens kräftig gemildert. In Österreich, speziell in Wien, kommen der Schmäh und der Schlendrian Kakaniens dazu, die noch jede Ideologie durch Wortwitz und Wurschtigkeit kleingekriegt haben.

Bekanntlich passiert in Wien alles fünfzig Jahre später; überambitioniertes Reformertum, in Bayern als »Gschaftlhuberei« abgetan, wird hier als Neurose diagnostiziert. Im Ernst: In Wien ticken die Uhren anders, hier klingt noch vieles so, wie es früher auch in Deutschland klang. Zumindest im Alltag, und auf den kommt es mir ja – als Basis jeder Lust an Sprache – ganz besonders an. Der Wiener, so erscheint er mir in seinem Verhältnis zum gesprochenen Wort, ist ein Platoniker. Von ihm könnte stammen, was vom griechischen Philosophen überliefert ist: Selbst wenn man in Athen allen Hunden ein Bein abschlüge, bliebe der Hund von seiner Idee her trotzdem ein Vierbeiner.

»Es ist eine eigene Sache mit dem Patriotismus, mit der wirklichen Vaterlandsliebe«, schrieb Heine, zwei Jahre nachdem er sich ins Pariser Exil begeben hatte. Und kam beim Anblick eines deutschen Auswanderer-Trecks zu dem Schluß: »So beginnt die deutsche

Vaterlandsliebe erst an der deutschen Grenze, vornehmlich beim Anblick deutschen Unglücks in der Fremde.«[69] Was mich betrifft, verfolge ich Nachrichten aus der alten Heimat immerhin schon wieder mit größerer Gelassenheit. An einem Tag erreicht mich die Meldung, daß die Koalition der CDU mit den Grünen in »meinem« alten Stadtteil Hamburg-Eimsbüttel zerbrochen ist – aufgrund eines Streits um gendergerechte Sprache im Bezirksamt.[70] Am nächsten Tag schnappe ich ein paar Gesprächsfetzen in der Tram auf und bin spontan überzeugt, daß man den Menschen niemals auf Dauer wird vorschreiben können, was Freiheit ist. Und schließlich berichtet mir ebenjener Newsletter, der mir im Frühjahr 2021 den letzten Anstoß gab, Deutschland zu verlassen, die Störche seien dieser Tage nach Afrika abgeflogen, ins Winterquartier. Nur die Störche? dachte ich: Und die Störchinnen lassen sie einfach hier?

Anmerkungen

1 Nicht länger aushalten konnten sie »den Unfug der hochnobelen und allerhöchst nobelen Sippschaften in der Heimat«. (Zit. n.: Ders.: Sämtliche Schriften in zwölf Bänden. Hg. Klaus Briegleb. Frankfurt-Berlin-Wien: Ullstein 1981, Bd. 5, S. 13)

2 Kronenzeitung, 9.11.2021; krone.at/2550649

3 Mein Abschied von Deutschland. Frankfurter Allgemeine Zeitung, 17.7.2021; faz.net/aktuell/feuilleton/debatten/schriftsteller-geht-ins-ausland-wegen-der-regulierung-der-sprache-17440750.html

4 Etwa wenn der Pianist Igor Levit unter Applaus seiner Peergroup über AfD-Mitglieder schreibt, sie seien »Menschen, die ihr Menschsein verwirkt haben«. Nach wie vor der Tiefpunkt: »Kann man diese rechten Arschlöcher nicht mal ausbürgern, für ein Jahr nach Mali schicken, zurückholen, in ein Asylheim stecken und anzünden?« (Sebastian Pertsch auf Twitter, 16.7.2015)

5 Alfred Kerr: Yankee-Land. Eine Reise durch Amerika 1924. Berlin: Aufbau 2019, S. 223.

6 Einfach deshalb, weil sie die kulturelle Vorherrschaft des »weißen« Europa widerspiegele. »Composers of Color« wie auch weibliche Komponisten seien aus dem Kanon

ausgegrenzt und marginalisiert worden; man fordert eine »dekolonialisierte antirassistische feministische Klassik«. Im übrigen sei auch der Begriff »Weltmusik« problematisch, weil er die kolonialen Verhältnisse ungebrochen reproduziere.

7 Das Kultusministerium von Oregon veröffentlichte im Frühjahr 2021 eine Empfehlung für Lehrer mit »kritischen Ansätzen zum Abbau der weißen Vorherrschaft in Mathematikunterrichtsräumen durch Sichtbarmachung der toxischen Merkmale der weißen Vorherrschaftskultur«. Darin heißt es: »Das Konzept, dass Mathematik rein objektiv ist, ist eindeutig falsch.« Es hindere schwarze, lateinamerikanische und mehrsprachige Schüler am »uneingeschränkten Zugang zur Welt der Mathematik«. Daraus folge: »An der Idee festzuhalten, dass es immer richtige und falsche Antworten gibt, zementiert diese Objektivität ebenso wie die Angst vor offenen Konflikten.« (Zit. n.: Thomas Schmoll am 6. 3. 2021 auf n-tv.de/leben/2-2-4-Rassismus-article22405026.html) – Dazu der Protagonist von George Orwells »1984«, der sich gegen die Manipulationen des Überwachungsstaats auflehnt: »Zu guter Letzt würde die Partei verkünden, daß zwei und zwei gleich fünf sei, und man würde es glauben müssen. […] Freiheit ist die Freiheit zu sagen, daß zwei und zwei gleich vier ist. Sobald das gewährleistet ist, ergibt sich alles andere von selbst.« Daß es zu dieser Gleichung eine ideologische und eine richtige Lösung gibt, wird im Strategiepapier eines abtrünnigen Parteifunktionärs offen angesprochen: »In Philosophie, Religion, Ethik und Politik mochten wohl zwei plus zwei gleich fünf sein, aber wenn es sich um die Konstruktion eines Gewehrs oder eines Flugzeugs handelte, dann mußte es gleich vier sein.« Daß es hier keinesfalls um eine Neben-

sache geht, belegt die Folterung des Protagonisten im »Ministerium für Liebe«, die darauf hinausläuft, daß er seine Einstellung widerruft. Nachdem er »gebrochen« ist, schreibt er »in großen unbeholfenen Anfangsbuchstaben«: »ZWEI UND ZWEI IST FÜNF«. Und noch während er auf seine Hinrichtung wartet, hat er die Indoktrination verinnerlicht: »Fast unbewußt malte er mit dem Finger in den Staub der Tischplatte: 2 + 2 = 5« (Zit. n.: Übers. Kurt Wagenseil. Frankfurt-Berlin: Ullstein 1994, S. 76f., 182, vgl. auch S. 204, S. 230ff., 254, 266)

8 In England gibt es mittlerweile einen ersten Kabarettisten, der die Auswüchse der Entwicklung wieder zur Satire verarbeitet hat, Andrew Doyle. In seinem Bühnenprogramm läßt er eine Kunstfigur namens Titania auftreten – ein »einfaches Mädchen aus Kensington«, das natürlich Gender Studies in Oxford studiert hat. Sie belehrt das Publikum in Form eines Seminars darüber, wie man »ein angesehenes Mitglied der ›woke community‹ wird«: »Mithilfe aktueller Zeitungsartikel führte sie vor Augen, was mittlerweile alles unter Rassismusverdacht steht: Jogging, Kreuzworträtsel-Lösen, Käse, selbst das Bemühen, nicht rassistisch zu sein.« O-Ton Titania: »Man kann über die Taliban sagen, was man will, aber zumindest sind sie nicht islamophob.« (Jochen Buchsteiner in der FAS, 7.11.2021; zeitung.faz.net/fas/politik/2021-11-07/b9292c09aa91c10f976fc257d36b002b/?GEPC=s5) Ähnlich beherzt soll das Musical »Slippery Slope« im Berliner Gorki-Theater jedes Fettnäpfchen der politischen Inkorrektheit ansteuern. (sueddeutsche.de/kultur/musical-cancel-culture-gorki-theater-berlin-1.5458412)

9 Laut einer Allensbach-Umfrage unter Dozenten an deutschen Hochschulen gaben über die Hälfte der Geistes- und

Sozialwissenschaftler an, »Political Correctness verhindere, bestimmten Forschungsfragen nachzugehen«. (Stuttgarter Nachrichten; 17. 11. 2021; stuttgarter-nachrichten.de/inhalt.forschungsfreiheit-intoleranz-an-hochschulen-nimmt-zu.ad283f19-77d1-494e-bea8-c3c040fa71f7.html?fbclid=IwAR3cUg0ZHFTP-DmlZXWhLO2UsdGvYiUrnU7ZjaasBDIr53U8nvYC5HvLT54) – Als Reaktion auf zunehmende Repressalien und Mobbing-Kampagnen hat sich im Herbst 2021 eine Gruppe liberaler Wissenschaftler zusammengefunden, um die erste dezidiert anti-woke Universität in den USA zu gründen. (Die Welt, 9. 11. 2021; welt.de/kultur/article234922872/Bildungsfreiheit-Die-erste-antiwoke-Universitaet-der-Welt.html) Die Spaltung der westlichen Gesellschaften könnte langfristig zur Spaltung innerhalb der Wissenschaften wie des Kunst- und Unterhaltungsbereichs (s. vorangehende Anm.) führen.

10 Skepsis in der Moderne. In: Ders.: Skepsis in der Moderne. Philosophische Studien. Stuttgart: Reclam 2007, S. 51 f.

11 Demokratie der Phantasie! Ein Manifest. Auf Deutsch veröffentlicht vom deutschen PEN-Zentrum am 3. 6. 2020; pen-deutschland.de/de/2020/06/03/demokratie-der-phantasie-ein-manifest/

12 So geschehen mit den Büchern von J. K. Rowling. Im entsprechenden Video, zunächst hochgeladen auf TikTok, wird ihr Transfeindlichkeit vorgeworfen, dazu auch »fatphobia, racism, and valorization of supremacists and child abusers in her most famous work«. (youtube.com/watch?v=cspgx-lYFJQ)

13 In: Ders.: Haltbar bis Ende 1999. Reinbek bei Hamburg: Rowohlt 1979, S. 24.

14 Anthropologie in pragmatischer Hinsicht. Zit. n.: Ders.: Werke in zehn Bänden. Hg. Wilhelm Weischedel. Darm-

stadt: Wissenschaftliche Buchgesellschaft 1982, Bd. 10, S. 535.

15 In seinem Corona-Brief Nr. 48 vom 19. 7. 2021: burkhard spinnen.de/48-moralische-habgier-i/

16 Die BBC nennt diese Zahl in einem Unterrichtsvideo für Kinder zwischen neun und zwölf Jahren. Aufgrund massiver Elternproteste mußte sie es von ihrer Seite entfernen. (The Times, 29. 1. 2021; thetimes.co.uk/article/parents-condemn-bbc-educational-film-describing-100-gender-identities-396092vl8)

17 Und auch eine in Orwells »1984«: Darin berichtet ein Dichter, der im Auftrag des Wahrheitsministeriums mit der Umschreibung literarischer Texte beschäftigt war, kurz vor der Hinrichtung von seinem »Wortverbrechen«: »Wir stellten eine definitive Ausgabe der Gedichte Kiplings zusammen. Ich ließ das Wort ›Gott‹ am Ende einer Verszeile stehen. Ich konnte nicht anders!« In diesem Fall allerdings aus poetischen Gründen, weil mit Ersatz des Wortes »Gott« das Reimschema zerstört worden wäre. (A. a. O., S. 213)

18 Alle Zitate von geschicktgendern.de bzw. geschickt gendern.de/muss-das-sein/

19 In Aldous Huxleys »Schöne neue Welt« sind die Begriffe »Vater« und »Mutter« als »unflätige Ausdrücke« abgeschafft, mit ihnen auch die klassische Elternschaft. Um die Konsequenzen dieser Maßnahme zu demonstrieren, fordert einer der »Weltaufsichtsräte« eine Gruppe Studenten auf, »›sich vorzustellen, was Familienleben bedeutet!‹ Sie versuchten es, offenbar ohne jeden Erfolg. ›Und haben Sie eine Ahnung, was ein trautes Heim war?‹ Sie schüttelten die Köpfe.« (Frankfurt: Fischer 1953, S. 35, 43 f., vgl. S. 133)

20 A. a. O., S. 277, 50f. Noch umfassender der Appendix

»Kleine Grammatik«: »Die Neusprache […] hatte […] den Zweck, […] jede Art anderen Denkens auszuschalten.« (S. 274) »Der Wortschatz B bestand aus Worten, die absichtlich zu politischen Zwecken gebildet worden waren, d.h. die […] dazu bestimmt waren, den Benutzer in die gewünschte Geistesverfassung zu versetzen. […] Die B-Worte waren eine Art Stenographie, mit der man oft eine ganze Gedankenreihe in ein paar Silben zusammenfassen konnte.« (S. 276)

21 Anmerkung für Leser, die an dieser Stelle vermuten, ich sei auf dem rechten Auge blind: Natürlich ist auch die AfD reaktionär, das ist ja geradezu ihr Programm. Doch darum geht es in diesem Essay nicht, es ist ohnehin offenkundig.

22 Genau genommen: Deutsch sein heißt, eine gute Sache eins zu eins aus den USA zu übernehmen und sie so ins Extrem zu treiben wie ebendort, wo sie schon ein böses Ende genommen hat.

23 Zitiert nach dem Motto, das Aldous Huxley seinem Roman »Schöne neue Welt« vorangestellt hat.

24 A.a.O., S. 276f.

25 Erdoğan hatte die Flüchtlinge zwecks Erpressung der EU mit Bussen aus den Flüchtlingslagern antransportieren lassen.

26 Worauf wir uns verlassen wollen. Für eine neue Idee des Konservativen. Frankfurt: S. Fischer 2018, S. 134. Kursivierung von mir.

27 Ezra Klein: Der tiefe Graben. Die Geschichte der gespaltenen Staaten von Amerika. Hamburg: Hoffmann und Campe 2020, S. 226, 350.

28 So etwa bei der *New York Times*, wo 150 Mitarbeiter in einem Brief an den Chefredakteur forderten, »dass Berichterstattungsgebiete in Zukunft nach anderen als rein

fachlichen Kriterien vergeben werden sollen«. (Die Zeit, 18. 2. 2021; zeit.de/2021/08/new-york-times-journalismus-berichterstattung-cancel-culture-polarisierung)

29 Zum selben Ergebnis kommt Jaron Lanier in seiner Studie über die sozialen Medien: Zehn Gründe, warum du deine Social Media Accounts sofort löschen musst. Hamburg: Hoffmann und Campe 2018. – Lanier entlarvt die algorithmengesteuerte Informationsaussendung in den sozialen Medien als Geschäftsmodell, das umso besser funktioniert, je negativer die ausgesandten Nachrichten sind. Je eifriger wir uns informierten, desto stärker gerate unser Weltbild in Schieflage, werde unser Bild von den Mitmenschen vereinfacht, ja verzerrt. In einem Resümee gegen Ende seiner Ausführungen ruft er den Leser dazu auf, sich seines freien Willens zu erinnern: »Üblicherweise sperrt man ein einzelnes Geschöpf in einen Käfig und manipuliert sein Verhalten. Hier [im Netz] haben wir es hingegen damit zu tun, dass die gesamte Gesellschaft in einer koordinierten Aktion manipuliert wird. Wir müssen daher einen größeren Rahmen als Erklärungsmodell finden [...]. Das Nächstliegende ist vielleicht die Religion.« (S. 178)

30 A. a. O., S. 158. Zur Tabuisierung von »Mutter« s. Anm. 19.

31 Jahre später las ich folgendes Zitat von Hertha Müller: »Ich bin mit dem Wort ›Roma‹ nach Rumänien gefahren, habe es in den Gesprächen anfangs benutzt und bin damit überall auf Unverständnis gestoßen. ›Das Wort ist scheinheilig‹, hat man mir gesagt, ›wir sind Zigeuner, und das Wort ist gut, wenn man uns gut behandelt.‹« (Die Welt, 12. 1. 2012; welt.de/kultur/history/plus13811031/Wir-sind-Zigeuner-und-das-Wort-ist-gut.html)

32 Die Zeit, 18. 9. 2021; zeit.de/2021/38/schauspielerei-identitaet-debatte-probleme-kunst – Im Amazon-Zitat,

ansonsten von der Verfasserin des Artikels ins Deutsche übertragen, steht »race« kursiviert auf Englisch; als habe sie es nicht gewagt, das Wort zu übersetzen. Schließlich gibt es laut woker Doktrin keine Rassen. Umso erstaunlicher, daß es sie für Amazon, noch dazu als Auswahlkriterium, weiterhin zu geben scheint.

33 Tatsächlich vermied der holländische Verlag in der Begründung seiner Erklärung sogar, von »Lesern muslimischen Glaubens« zu sprechen: »Hätten wir die Stelle unverändert gelassen, hätten wir einen Großteil der Leserinnen und Leser unnötigerweise verletzt.« Einen Großteil, keinesfalls nur eine Minderheit. (Zit. n.: Deutschlandfunk Kultur, 26. 4. 2021; deutschlandfunkkultur.de/gestrichene-mohammed-passage-bei-dante-ein-fall-von-100.html)

34 Auf ähnlich stillschweigende Weise zensiert erschien ein halbes Jahr später die Neuedition von Patricia Highsmiths Tage- und Notizbüchern (Zürich: Diogenes 2021). Obwohl die Literaturkritik durchaus bemerkte, daß sämtliche antisemitischen Passagen fehlten, blieb ein Aufschrei der Entrüstung diesmal aus – wohl weil es um die Eliminierung antisemitischer Passagen ging.

35 Domradio, 12. 10. 2021; domradio.de/themen/bibel/2021-10-12/gott-als-die-lebendige-die-bibel-gerechter-sprache-soll-neu-uebersetzt-werden

36 Achim Hölter: Political Correctness: Darf man Donald Duck zensieren? In: Der Standard, 16. 6. 2021; derstandard.de/story/2000127438055/political-correctness-darf-man-donald-duck-zensieren

37 A. a. O., S. 34. Desgleichen etwa auch: das gezielte Schüren von Haß; die »Vaporisierung«, also komplette Auslöschung mißliebiger Personen, deren Namen nach der Hinrichtung aus allen historischen Dokumenten getilgt werden; die

»Neusprache«, wie die politisch korrekte Ausdrucksweise im Roman heißt. Man kann »1984« geradezu als Regieanleitung des woken Welttheaters lesen.

38 FAZ, 17.6.2021; faz.net/aktuell/feuilleton/debatten/neue-donald-duck-edition-sprachaenderungen-17392725.html

39 Michael Lemling, Börsenblatt 47, 25.11.2021.

40 Dasselbe passiert hinter den Kulissen der Filmindustrie. Daß »Vom Winde verweht« von einigen Verleihern aus dem Programm genommen wurde, haben wir bemerkt; das Gros der Bereinigungen, da bin ich mir sicher, bemerken wir nicht.

41 A.a.O., S. 37, 39f., 51.

42 Von all jenen, die sich durch dieses Schlagwort angegriffen fühlen, wird es als rechter Kampfbegriff verstanden und zurückgewiesen. Nichtsdestoweniger ist die Sache selbst unleugbar Teil eines Kulturkampfs, der vor Gewalt nicht zurückschreckt. Wie immer, wird er auch dieses Mal damit gerechtfertigt, daß anders keine Veränderungen zu bewirken seien. Cancel Culture scheint mir weniger ein Kampfbegriff der Rechten zu sein als die treffende Bezeichnung all dessen, was am Ende den Kulturkanon der westlichen Welt bereinigen und neu gewichten will.

43 Daß eine derartige Kulturrevolution in letzter Konsequenz auf eine totale Zerstörung der Vergangenheit hinausläuft, läßt sich ebenfalls bei Orwell nachlesen: »Buchstäblich wissen wir bereits so gut wie nichts von […] den Jahren vor der Revolution. Jede Aufzeichnung wurde vernichtet oder verfälscht, jedes Buch überholt, jedes Bild übermalt, jedes Denkmal, jede Straße und jedes Gebäude umbenannt […]. Und dieses Verfahren geht von Tag zu Tag und von Minute zu Minute weiter. Die geschichtliche Entwicklung hat auf-

gehört. Es gibt nur noch eine unabsehbare Gegenwart, in der die Partei immer recht behält.« (1984, a. a. O., S. 143) Auch Huxleys »Schöne neue Welt« basiert auf einem radikalen »Feldzug gegen die Vergangenheit«: »Schließung der Museen, Sprengung der geschichtlichen Denkmäler [...] und Unterdrückung aller vor 150 n. F. erschienenen Bücher.« (A. a. O., S. 56). »150 n. F.« bedeutet »im Jahr 150 nach Ford«.

44 Steingarts Morning Briefing, 8. 6. 2021.

45 berliner-zeitung.de/news/polizeibericht-berlin/wegen-frauentag-unbekannte-ueberkleben-strassenschilder-in-berlin-li.144665

46 Victor Obiols gegenüber der Nachrichtenagentur AFP, zit. n.: Der Spiegel, 11. 3. 2021; spiegel.de/kultur/amanda-gorman-katalanischer-uebersetzer-hat-falsches-profil-a-6b1544ef-59ca-4377-ac29-77aa6bb3fcc1

47 München: C. H. Beck 2020, S. 132.

48 Vgl. Wolfgang Thierses überzeugendes Plädoyer für den Gemeinsin in der *FAZ*, 22. 2. 2021; faz.net/aktuell/feuil leton/debatten/wolfgang-thierse-wie-viel-identitaet-ver traegt-die-gesellschaft-17209407.html

49 »Ein generisches Femininum gibt es nur sehr selten, etwa bei einigen Indianersprachen.« (Horst Simon, zit. n.: Der Tagesspiegel, 6. 6. 2013; tagesspiegel.de/wissen/generisches-femininum-an-der-uni-leipzig-frauen-sind-keine-sonder faelle/8310626.html)

50 Es war ein Beitrag im *Abendjournal* von Ö1, dessen ungeachtet meiner Lieblingssendung.

51 Zum Beispiel an der LMU München: frauenbeauftragte. uni-muenchen.de/genderkompetenz/sprache1/formu lierungsmoeglichkeiten/index.html – Die LMU bietet Gendertrainingskurse an, nach dem Besuch entsprechender

Seminare kann man ein Genderzertifikat erwerben. Vergleichbare Kurse und Zertifikate werden auch für das Lehrpersonal angeboten.

52 news4teachers.de/2015/07/an-den-hochschulen-herrscht-anpassungsdruck-wer-nicht-gendert-bekommt-punkt abzug/

53 Die Welt, 27.10.2021; welt.de/vermischtes/article234675322/Autorin-klagt-wegen-Gendern-ihres-Textes-gegen-Verlag.html

54 FAZ, 18.10.2021; faz.net/faz/politik/2021-10-18/0e7df16ad81557189f825c9b684a64da/?GEPC=s9

55 Etwa in einem Streitgespräch, das 2018 im englischen TV-Sender Sky lief (youtube.com/watch?v=y8nViKYmEhU). Eingeladen war eine Feministin, die auf eigene Kosten ein Plakat mit der lexikalischen Definition des Begriffs »Frau« in Liverpool hatte aufhängen lassen: »Woman, women, noun, adult human female«. Wer glaubt, daß diese Definition eine Selbstverständlichkeit sei, irrt. Trans-Aktivisten sehen darin eine Diskriminierung und prangern den, der sich öffentlich dazu bekennt – also dazu, daß das Geschlecht biologisch bestimmt ist –, als transphob an. Im anglo-amerikanischen Wissenschaftsbetrieb wird für die queere Sache auch mit Schmutzkampagnen, Demonstrationen auf dem Campus und Unterschriftenlisten gekämpft, in denen die Ablösung des Betreffenden gefordert wird. Durchaus mit Erfolg, irgendwann zieht sich der Beschuldigte erschöpft von seiner Professur zurück (z. B.: taz.de/Professorin-tritt-nach-trans-Eklat-ab/!5809038/).
Ihr Kontrahent: ein LGBTQ*-Aktivist, der diese Aktion im Vorfeld der Sendung als Teil einer Kampagne verurteilt hatte, die Trans-Frauen verteufeln wolle, und sich über die Definition auf dem Plakat als »hate speech« empört.

Er rechtfertigt die Entfernung des »transphoben« Plakats gegenüber der Moderatorin damit, daß sich Transgenderfrauen durch diese Definition bedroht fühlten. Beim Reden bebt er vor Erregung. Er äußert nicht seine Meinung, er verkündet ein Urteil. In manchen Momenten hat man den Eindruck, er würde es am liebsten auch gleich selber vollstrecken. Es reicht ihm nicht, daß er eine Frau darüber belehren kann, was eine Frau ist, er will sie vernichten. Mag sein Grundanliegen – Verteidigung der Rechte einer Minderheit – berechtigt und nachvollziehbar sein; sein Fanatismus verkehrt die gute Absicht in ihr Gegenteil. Er ist ein Widergänger von Michael Kohlhaas, einer, der sich um der Gerechtigkeit willen ins Unrecht setzt: Er demonstriert qua personam, wie es aussieht, wenn Aufklärung in Gegenaufklärung umschlägt. Sobald ihn seine Kontrahentin – man ist versucht zu sagen: die Angeklagte – namentlich adressiert, unterbricht er sie mit dem Hinweis, er sei mit seinem Doktortitel anzusprechen, um auch auf diese Weise die Fallhöhe zwischen ihm und ihr zu markieren. In den Kommentaren zum Video wird er als »embarrassment to all men« und »prize fool« bezeichnet. Was immer er sagt, ist hate speech; er ist geradezu die Personifikation von hate speech.

Die Feministin hielt der Inquisition mit Gelassenheit stand. Gefragt von der Moderatorin, ob sie »deliberately provocative« formuliere, antwortete sie: Nein, sie formuliere »deliberately truthful«. Im übrigen habe sie das Plakat nicht zuletzt deshalb aufgehängt, weil sie sich von Burschen (»chaps«) vom Schlage ihres Diskussionspartners nicht vorschreiben lasse, was Frauen denken und sagen dürfen. Ihr Fall ging damals durch die englischen Medien, im Netz sammelte sie Sympathieadressen (»What a great woman. Truly courageous. Go girl«), mittlerweile gibt es T-Shirts und Tassen mit der aufgedruckter Definition von »woman«. Der »Bursche« ist im wirklichen Leben Allgemeinmediziner, Dr Adrian Harrop, der in der Transszene als Anlaufpunkt bekannt ist und bis heute als Aktivist gegen andere vorgeht, vor allem auf Twitter. Eine Auswahl seiner Invektiven und offensichtlich juristisch erzwungenen Entschuldigungen findet man hier: grahamlinehan.substack.com/p/doctor-do-much-harm. Sein Gesicht ist für mich das der ganzen Bewegung geworden, sicher zu Unrecht, aber ich kann es nicht ändern. Schlimmer: Ich kann es nicht vergessen. PS: Am 1.12.2021 meldet die *Times*, daß Harrop aufgrund seiner aggressiven Tweets (»Cis people, on the whole, are just awful and there needs to be a massive state-sponsored programme of re-education«) vom Dienst suspendiert wurde; er habe seinen ganzen Berufsstand in Mißkredit gebracht. (thetimes.co.uk/article/gp-suspended-over-offensive-tweets-to-people-who-oppose-trans-rights-9zmrp236v)

56 Der Tagesspiegel, 30.8.2020; tagesspiegel.de/kultur/deutschland-ist-besessen-von-genitalien-gendern-macht-die-diskriminierung-nur-noch-schlimmer/26140402.html

57 Es besteht aus Sprachwissenschaftlern, Verlagsmitarbeitern, Journalisten sowie einem österreichischen und einem Schweizer Schriftsteller; ein deutscher Schriftsteller ist derzeit nicht vertreten. (rechtschreibrat.com/DOX/rfdr_mitgliederliste_aktuell.pdf)

58 rechtschreibrat.com/DOX/rfdr_PM_2021-03-26_Geschlechtergerechte_Schreibung.pdf

59 rechtschreibrat.com/ueber-den-rat/

60 Einige Monate vor der Jahrestagung fand unter den Mitgliedern des PEN eine Umfrage zur »geschlechterdifferenzierten Schreibung« statt, bei der sich eine klare Mehrheit

gegen Gendern und für Beibehaltung des generischen Maskulinums aussprach. Auf der Jahrestagung wurde jedoch beim Votum über eine neue Satzung – ungeachtet des internen Umfrageergebnisses – von den etwa 70 Anwesenden eine gegenderte Fassung verabschiedet. Ein Teilnehmer berichtete mir, daß der Vorsitzende der Satzungskommission, Friedrich Dieckmann, daraufhin unter Protest gegen das Abstimmungsverfahren den Saal verließ. Der gegenderte Satzungsentwurf war nämlich bevorzugt zur Abstimmung gestellt und dem nicht gegenderten Entwurf vorgezogen worden.

61 Der Spiegel, 6. 10. 2021; spiegel.de/politik/deutschland/gendern-frauenministerin-christine-lambrecht-will-gendersternchen-stoppen-a-d9c98fa6-decb-4991-8223-ceb18de159aa

62 MDR, 31. 8. 2021; mdr.de/nachrichten/sachsen/kulturs ministerium-gegen-gendersprache-100.html

63 rechtschreibrat.com/der-rat/

64 rechtschreibrat.com/geschlechtergerechte-schreibung-empfehlungen-vom-26-03-2021/

65 Reinhard Bingener: Gendern als Staatspflicht? FAZ, 16. 12. 2021; faz.net/aktuell/politik/inland/gendergerechte-sprache-in-verwaltung-hannover-legt-gutachten-vor-17686090.html.

66 A. a. O., S. 38.

67 Jürgen Abel, mein Lektor, hat herausgefunden, daß es ein Zitat der Berliner Band Ton, Steine, Scherben ist und korrekt lautet: »Wie kann ich zu dir sagen: Ich liebe dich, wenn es heißt, Autos lieben Shell?« Erstaunlich, Deutschrock war nie meine Sache, Politrock von 68ern erst recht nicht. Dennoch müssen mich diese Liedzeilen damals irgendwie erreicht haben.

68 George W. Bush hat den Begriff vom Alten Europa 2003 in pejorativer Absicht geprägt, als er feststellen mußte, daß nur ein Teil der europäischen Alliierten bereit war, mit ihm einen Rachefeldzug gegen den Irak zu führen – die »Koalition der Willigen«. Wohingegen sich etliche europäische Staaten, darunter Deutschland, verweigerten. Bush tat sie verärgert – im Gegensatz zum »Neuen Europa« des ehemaligen Ostblocks, das sich fast geschlossen auf Seite der USA stellte – als Altes Europa ab.

69 A. a. O., Bd. 5, S. 15.

70 Die Zeit, Hamburg Elbvertiefung, 29. 11. 2021.

* * *

Auch an diesem Buch habe nicht ich alleine geschrieben. Die Anzahl derer, die mit ihren Anregungen und Hinweisen Eingang in meinen Text fanden, war diesmal besonders groß, schon allein aufgrund der Zuschriften, die ich seit meinem Abschied von Deutschland bekomme. Und schließlich aufgrund der mehrfachen Lektorate, deren eine öffentliche Meinungsäußerung in Zeiten wie der unseren bedarf. Stellvertretend genannt seien hier nur Wolfgang Ferchl und Jürgen Abel. Gemeint sind auch all die anderen, die dieses oder jenes zurechtgerückt und Spitzfindiges angemerkt haben, die sich mit mir unterhielten und mich auf andere Gedanken brachten.

Wie immer geht mein besonderer Dank an die Leserin, die jedes meiner Manuskripte als erste bekommt und mit kritischen Anmerkungen versieht: meine Frau. Sie war es, die mir bereits im Sommer 2020 vorschlug, für ein paar Monate nach Wien zu gehen, um meinem Corona-Blues zu entfliehen, der eigentlich ein Deutschland-Blues war. Als sich im Frühjahr darauf die Möglichkeit ergab, dauerhaft eine Wohnung in Wien zu beziehen, waren wir lange unschlüssig. Schließlich war und ist meine Frau beruflich an Hamburg gebunden, und der Preis, der für die Wiener Wohnung fortan zu entrichten sein würde – zwischen zwei Städten pendeln zu müssen wie zu Beginn unsrer Beziehung –, erschien uns arg hoch. Ich wollte Abstand zu Deutschland gewinnen, um wieder zu meiner inneren Freiheit zurückzufinden, aber ich konnte es nicht. Ein Satz meiner Frau gab dann den Ausschlag:

?

Dieser Satz kam ihr, so schien es, ganz leicht über die Lippen. Schwer wurde er erst, als wir die Umzugskartons packten.

Wien, 6/12/21 – MP

Über den Autor

Matthias Politycki ist einer der vielseitigsten Schriftsteller der deutschen Gegenwartsliteratur. Sein Werk besteht aus über dreißig Büchern, darunter Romane, Erzähl- und Gedichtbände sowie vielbeachtete Sachbücher und Reisereportagen. Bis zur Verhängung des Corona-Lockdowns im Frühjahr 2020 war er einen Großteil des Jahres unterwegs, auch um immer wieder Abstand zu den deutschen Befindlichkeiten zu gewinnen. Im Frühjahr 2021 nahm er Abschied von Deutschland. Der Essay, in dem er diesen Schritt begründete – veröffentlicht in der *FAZ* –, zog ein überwältigendes Echo nach sich, so daß sich Politycki herausgefordert fühlte, die Umstände dieses Abschieds noch einmal neu zu reflektieren und zu begründen. Zuletzt erschien von ihm der Roman *Das kann uns keiner nehmen*, vom *Spiegel* als »Deutschland-Roman vor afrikanischer Kulisse« gerühmt, der ein großer Publikumserfolg wurde.

Matthias Politycki
Das kann uns keiner nehmen
Roman
304 Seiten, gebunden
ISBN 978-3-455-00924-8
Auch als Taschenbuch erhältlich:
ISBN 978-3-455-00925-5
Hoffmann und Campe Verlag

»Es war die lautloseste und längste und kälteste Nacht meines Lebens. Als gegen sechs Uhr morgens der Reißverschluß meines Zeltes aufgerissen wurde und Samson den Kopf hereinsteckte, wollte ich gar nicht glauben, daß alles überstanden sein sollte. Samson reichte mir einen Becher heißen Tee, und bevor er den Reißverschluß wieder hinter sich zuzog, sagte er halblaut: ‚Now you are mountain king, sir.'«

Hans, ein so zurückhaltender wie weltoffener Hamburger, ist endlich da, wo er schon ein halbes Leben lang hinwollte: am Gipfel des Kilimandscharo. Hier, auf dem Dach von Afrika, will er mit seiner Vergangenheit ins Reine kommen. Doch am Grunde des Kraters steht bereits ein Zelt, und in diesem Zelt hockt der Tscharli, ein Ur-Bayer – respektlos, ohne Benimm und mit unerträglichen Ansichten.
In der Nacht bricht ein Schneesturm herein und schweißt die beiden wider Willen zusammen. Es beginnt eine gemeinsame Reise, gespickt mit absurden und aberwitzigen Abenteuern. Als sie sich schließlich die Geschichte ihrer großen Liebe anvertrauen, erkennen sie, dass sie mit dem Leben noch eine Rechnung offen haben.

»Ein packender Deutschlandroman –
erzählt vor afrikanischer Kulisse.«
Der Spiegel

Matthias Politycki
Sämtliche Gedichte
2017 - 1987
Mit einem Nachwort von Wolfgang Frühwald
640 Seiten, gebunden
ISBN 978-3-455-40623-8
Hoffmann und Campe Verlag

In seinen Gedichten lässt Matthias Politycki Verliebte, Verletzte und Verträumte, Reisende und Getriebene mal in freien Rhythmen, mal in romantischem Reimzauber davon erzählen, worauf es wirklich ankommt im Leben. Formstrenge Sonette stehen neben konkreter Poesie und werfen treffsicher Schlaglichter auf die Liebe, den Tod und die vermeintlichen Banalitäten des Alltags. Dabei nimmt der Autor seine Leser mit auf eine Reise zwischen Heimatkunde und Weltweisheit. Dieser Band versammelt erstmals sämtliche Gedichte, auch die verstreut publizierten; ergänzt wird er durch einen neuen Zyklus, der bis hinter die Tempel von Angkor Wat führt.

»Matthias Politycki lädt ein zu einer poetischen Entdeckungsreise, die bezaubert und melancholisch stimmt, aber auch überraschend komische Momente bereithält.«
NDR Buch des Monats

»Treu bleibt sich dieser Dichter der ‚neuen deutschen Lesbarkeit', obwohl bestens geschult in Formen und Traditionen, dabei stets im Verzicht auf jede Verrätselung. Hier sucht einer das Glück in der scheinbaren Einfachheit; dabei stets im melancholischen Wissen um die Vergänglichkeit.«
Antje Weber, *Süddeutsche Zeitung*